JOYCE MEYER

SOBRE CARGA

Faith
Words

NEW YORK | BOSTON | NASHVILLE

FaithWords
Hachette Book Group
1290 Avenue of the Americas
New York, NY 10104
www.faithwords.com

Impreso en los Estados Unidos de América

RRD-C

Primera edición: Abril 2016
10 9 8 7 6 5 4 3 2 1

FaithWords es una división de Hachette Book Group,
Inc. El nombre y el logotipo de FaithWords es una
marca registrada de Hachette Book Group, Inc.

International Standard Book Number: 978-1-4555-5985-5

CONTENIDO

"La congoja abate el corazón del hombre; la buena palabra lo alegra".

Proverbios 12:25

INTRODUCCIÓN

¡Guao! Estoy muy emocionada por este libro. Espero con toda el alma que de verdad pueda ayudarle a manejar, incluso a eliminar, el estrés de su vida. Permítame decirle por qué *Sobrecarga: cómo desconectarse, relajarse y librarse de la presión del estrés* me emociona de forma particular.

En todos mis años de ministerio, he enseñado y escrito sobre una gran variedad de temas. *Conozca a Dios íntimamente, Palabras de poder, Cómo oír a Dios, ¡Ayúdenme, siento miedo! ¡Viva con esperanza!, El campo de batalla de la mente, Pensamientos de poder, Adicción a la aprobación;* por solo nombrar unos pocos.

Y como cada tema que Dios me ha impulsado a escribir o enseñar es importante, siento que hay algo especial en este libro. El estrés es algo con lo que estoy muy familiarizada, no es solo un tema que estudié, no es solo un tema del que leí, y no es solo un tema del que fui testigo distante.

El estrés es algo que he tenido que enfrentar personalmente.

Es un enemigo contra el que he tenido que luchar en repetidas ocasiones. Algunas veces he ganado y otras he perdido, pero el estrés es definitivamente un adversario que he conocido en el pasado...y al que a veces tengo que confrontar y manejar en mi vida presente.

Ha habido días en los que el estrés ha tratado de robarme la paz y secuestrar mi alegría. El ritmo frenético de la vida, las agendas apretadas y las malas decisiones, han sido las formas en las que el estrés ha irrumpido en mi vida. Y en verdad ha *irrumpido*. El estrés nunca entra a nuestra vida por la puerta de atrás. Prefiere ingresar por la puerta principal.

Es probable que usted sepa de lo que hablo. De hecho, creo que usted sabe *exactamente* a lo que me refiero. Estoy segura de que también ha experimentado frustraciones, presiones y situaciones estresantes. Probablemente ha tenido una pila de facturas que llega hasta el techo, los niños han estado a punto de enloquecerle, su jefe no ha querido entrar en razón, el automóvil ha empezado a hacer ese ruidito de nuevo (puede que hoy sea uno de eso días).

Así que, al parecer, usted y yo estamos en el mismo barco. Puede que usted no conozca los detalles (aunque compartiré algunos en las próximas páginas), aun así puede entender el tipo de estrés que yo he sufrido. Y aunque yo no conozca todos los detalles, puedo entender el tipo de estrés que ha sufrido usted.

Creo que esa es la razón por la cual me emociona tanto escribir este libro, y que usted lo esté leyendo. Porque siento que estamos juntos en esto. Usted y yo somos compañeros en este viaje para reducir los niveles de estrés. Ambos nos hemos sentido exasperados, ambos nos hemos sentido desanimados, y ambos hemos considerado la idea de escaparnos a alguna playa para estar aislados de todos (es en broma...creo).

Pero permítame abrir el espectro más allá de usted y yo. Quiero que vea un cuadro más amplio. ¿Sabía que hay alguien más que entiende las presiones del estrés? ¿Alguien más que se puede identificar con lo que usted sufre cuando la vida se pone de cabeza y las cosas se salen de control?

Esa persona es Jesús.

Si esa respuesta lo sorprende, considere por un

momento algunos de los elementos estresantes que Jesús tuvo que enfrentar:

1. Su variado grupo de discípulos necesitaba corrección constante.

2. Los fariseos y saduceos trataban continuamente de desacreditar su ministerio en público.

3. Dondequiera que Él llegaba, se formaban inmensas multitudes de personas deseosas de recibir milagros.

4. La gente de su propia tierra natal, Nazaret, rechazó sus enseñanzas.

5. Uno de sus discípulos escogidos lo traicionó por treinta monedas de plata.

A mí eso me parece bastante estresante. Y eso sin tomar en consideración el hecho de que Jesús estaba en una misión divina para salvar a la humanidad de sus pecados y reconciliarnos con Dios. Jesús sabía que iba a sufrir una muerte cruel; para Él no fue ninguna sorpresa. Sin embargo, nunca se detuvo en su camino hacia la cruz. Ese es un tipo de estrés que ninguno de nosotros puede imaginar. Puede ser difícil de creer que Jesús sufriera estrés, pero la Biblia nos enseña que Él comprende todas nuestras debilidades y flaquezas, porque sufrió todas las tentaciones que sufrimos nosotros, pero nunca cayó en pecado (Heb. 4:15).

Pero en medio de todo el estrés y la presión, Jesús decía cosas como estas:

"**La paz os dejo**, mi paz os doy".

Juan 14:27 (negritas añadidas)

"En el mundo tendréis aflicción, pero **confiad**, yo he vencido al mundo".

Juan 16:33 (negritas añadidas)

"Estas cosas os he hablado para que *mi gozo esté en vosotros*, y vuestro gozo sea completo".

Juan 15:11 (negritas añadidas)

También, en medio de una tormenta huracanada, reprendió a los vientos para que se calmaran, y luego les dijo a los discípulos:

"¿Por qué estáis así amedrentados? ¿Cómo no tenéis fe?".

Marcos 4:40.

¿No es increíble? A pesar de los inconvenientes, los desafíos y las presiones que lo rodeaban, Jesús permanecía en paz y tranquilo. Realizaba el trabajo que le correspondía con confianza y alegría, aunque los demás estuvieran descontrolados y llenos de pánico.

Sin importar las circunstancias, fuese una tormenta inesperada o una muchedumbre enojada, Jesús era una presencia tranquilizadora y estable. Es por esto que pudo decir en Mateo 11:28: "Venid a mí todos los que estáis trabajados y cargados, y yo os haré descansar".

Jesús aún está diciendo estas palabras: "Venid a mí, y yo os haré descansar" el día de hoy. La vida que Él desea para nosotros no es una vida controlada por el estrés. No fuimos creados para andar por la vida preocupados, ansiosos y asustados, esperando que todo termine. Podemos aprender a tomar todo ese estrés, toda esa presión y dárselos a Dios, y vivir en la paz y el regocijo que Él ha planeado para nuestras vidas.

Sé que es verdad porque lo he visto suceder en mi propia vida. Hace años, tuve que tomar una decisión: podía sucumbir al estrés y la ansiedad que sentía o podía aprender a seguir la guía del Espíritu Santo, y echar toda preocupación sobre Dios.

Cuando empecé a confiarle mi vida a Dios, y a estudiar y entender las consecuencias que el estrés y las preocupaciones traían a mi vida (mi espíritu, alma y cuerpo), me sorprendí de los cambios radicales que empezaron a ocurrir. Mi vida comenzó a transformarse cuando escogí tomar decisiones guiadas por Dios para superar el estrés.

Claro, todavía enfrento las mismas circunstancias estresantes de siempre. Y sí, todavía hay días que están más llenos de estrés que otros. Pero ya mi vida no está sobrecargada con lo que Jesús llamó "los afanes de este siglo" (ver Mr. 4:19). Ahora, cuando enfrento una situación que antes solía volverme completamente loca, por la gracia de Dios soy capaz de mantener mi gozo, confiar en Dios y seguir avanzando.

Es por esa razón que decidí escribir este libro. No puedo esperar para enseñarle lo que el Señor me enseñó, y lo que *todavía* me está enseñando, sobre la manera de vencer el estrés. No importa lo que le esté pasando, sea grande o pequeño, molesto o aterrador, créame cuando le digo que usted no tiene por qué vivir una vida llena de ansiedad, preocupación y estrés.

Créame, entiendo que está enfrentando desafíos y problemas, a veces a diario. Sé que puede ser agotador tratar de navegar con éxito las tormentosas aguas de la vida. Pero hoy quiero decirle que no tiene por qué navegar esas aguas solo. Dios ha prometido que Él estará con usted y que nunca se alejará de su lado (ver Dt. 31:6). Y si Dios está con usted, no hay problema, deuda, juicio u obstáculo por el que valga la pena estresarse. Dios no permitirá que se hunda. Él está al control y lo llevará con seguridad hasta la otra orilla.

¿Su cuenta bancaria se está vaciando?
No se preocupe. ¡Dios está al control!

¿Debe tomar una decisión importante para su futuro?
No se preocupe. ¡Dios está al control!

¿Su matrimonio está pasando por un mal momento?
No se preocupe. ¡Dios está al control!

¿Tiene dudas sobre si debe aprovechar una nueva oportunidad que surgió?
No se preocupe. ¡Dios está al control!

De eso es de lo que se trata este libro. Siempre enfrentaremos situaciones que nos causen estrés, pero con la ayuda de Dios descubriremos cómo superar ese estrés, y aprenderemos a vivir vidas llenas de júbilo y vidas abundantes, pues Jesús ya las pagó con su muerte.

Así que prepárese. Creo que Dios tiene algo bueno para usted. En las próximas páginas, compartiré mi historia y las de otras personas. Hablaremos de las promesas y enseñanzas de Dios. Le daré algunas recomendaciones muy poderosas que puede poner en práctica. Y a través de todo eso, en cada capítulo y en cada página, oraré para que usted comience a darse cuenta de que ya no necesita estar sobrecargado de estrés. ¡El estrés es algo que podemos vencer!

MANTENGA LA CALMA
Y
LIBÉRESE DEL ESTRÉS

CAPÍTULO 1

Comience a vencer el estrés hoy

"La ansiedad no nos quita las penas del mañana, solo nos quita la fuerza del presente".

—Charles Spurgeon

Estrés. Es una palabra que en realidad a nadie le gusta, pero que todos hemos llegado a aceptar. Un hecho desafortunado, pero innegable, es que tanto usted como yo vivimos en un mundo lleno de estrés. Sea estudiante o maestro, una madre que se queda en casa o un profesional que sale a trabajar, viva usted en el campo o en la ciudad, siempre se encontrará con el estrés.

Una vez leí un artículo que decía que el estrés era la nueva normalidad. Y creo que para mucha gente es así. No necesitamos buscar mucho para encontrar las pruebas de que es así. Todos hemos tenido amigos o compañeros de trabajo que sufren de "migrañas por estrés". Las compañías farmacéuticas producen muchos medicamentos para reducir el estrés. Las tiendas minoristas hacen una fortuna vendiendo "pelotas antiestrés". El estrés es como un virus que se sigue propagando.

Muchas personas han contraído el virus del estrés…pero parecen no darse cuenta. Sus amigos y familiares lo notan, su jefe y compañeros de trabajo lo perciben, todos a su alrededor saben que son presas del estrés, pero ellos no. No han aprendido a reconocer sus síntomas. Pasan los días ansiosos, alterados, preocupados, tensos y frustrados, y simplemente han aceptado que eso es parte de la vida. Es su "nueva normalidad".

> Muchas personas han contraído el virus del estrés... pero parecen no darse cuenta.

Este ciertamente fue mi caso. En los primeros años de mi ministerio, estaba profundamente estresada, pero no lo sabía. Mi estrés se debía a muchos factores: el ministerio estaba creciendo rápidamente, lo cual me mantenía extremadamente ocupada; no estaba descansando ni alimentándome adecuadamente; había abarrotado mi agenda porque no quería decirle que no a nadie; aún estaba lidiando con las repercusiones emocionales de haber sido abusada por mi padre durante mi infancia; y en medio de toda esa actividad frenética, Dave y yo estábamos criando cuatro hijos, y... ¿mencioné que estaba en medio de un cambio en mi vida y no podía tomar hormonas porque había sufrido cáncer de mama? ¡Guao! Ahora veo todo eso y puedo entender perfectamente por qué siempre estaba estresada, pero sorprendentemente en ese momento no reconocí los síntomas.

Con toda esa ansiedad y frustración que me rodeaba, simplemente asumí que así era como se suponía que debía vivir. El estrés se convirtió en mi nueva normalidad.

Debido a mi personalidad y mi ética de trabajo, no me tomé el tiempo de bajar un poco el ritmo, aprender a ordenar mis prioridades o cuidarme. Tenía cien platos girando a la vez, y estaba decidida a no dejar caer ni uno solo. El resultado de mi bien intencionada pero testaruda negatividad a tomarme las cosas con calma, fue un agotamiento tanto físico como emocional. Mi cuerpo comenzó a estropearse y yo comencé a sufrir las consecuencias.

Finalmente, fui a ver a un médico. Estaba segura de

que simplemente bastaba un medicamento para levantarme y continuar satisfaciendo todas las exigencias que yo misma me imponía. Nunca olvidaré lo que él me dijo: "Joyce, tus problemas físicos y emocionales son consecuencia del estrés. Creo que necesitas hacer algunos cambios".

Eso me enfureció. ¿Estrés? *¡Yo no estoy estresada! ¡Solo estoy ocupada!* En verdad me molestó que el doctor sugiriera que estaba muy estresada. Yo pensaba que era demasiado fuerte para sufrir de estrés. Y estaba convencida de que seguía la voluntad de Dios y que por lo tanto Él no me dejaría sentir los efectos negativos del estrés. Después de todo, había dedicado mi vida a servir a Dios; ¿cómo podía estar sufriendo de estrés? Busqué una segunda opinión con otro doctor que me dijo lo mismo. No importaba cuantos consultorios visitara, ni con cuantos doctores hablara, todos me daban exactamente la misma respuesta: "Joyce, sufres de estrés". El último doctor me sugirió ver a un psiquiatra, ¡y eso en verdad me enfureció! Mi madre había sufrido una enfermedad mental, y creo que en el fondo yo estaba convencida de que si admitía que estaba sufriendo de estrés, de alguna terminaría como ella.

Las cosas en ese entonces eran un poco diferentes. No eran tan fácil acceder a la información como lo es ahora, y no se habían realizado muchos estudios sobre los efectos nocivos del estrés. Creo que era por esto que me negaba a creer cuánto daño me estaba haciendo el estrés. En ese momento, me impactó mucho saber que esta podría ser la causa de muchos de los problemas que estaba enfrentando.

Aquí estaba, sirviendo a Dios y haciendo lo que yo

sabía que Él me había llamado a hacer, pero en realidad no disfrutaba la vida. En vez de celebrar las oportunidades que Dios me estaba dando de ministrar su Palabra (lo cual me encantaba hacer), estaba atrapada por el estrés. Me frustraba con facilidad, tenía dolores y achaques, no estaba durmiendo bien, discutía constantemente...y la lista sigue y sigue.

Pero comencé a leer sobre el estrés y, con la ayuda del Señor, finalmente comencé a darme cuenta de que los doctores tenían razón. El estrés me estaba haciendo daño, tanto física como emocionalmente. Pero el Señor también me comenzó a mostrar que el estrés me estaba haciendo daño desde el punto de vista espiritual, ya que estaba dejando que las presiones externas de la vida afectaran mi paz y alegría interna. Si no realizaba algunos cambios importantes, nunca iba a disfrutar completamente la vida que Jesús pagó en la cruz para mí.

Los efectos del estrés

Mientras más le hablo a las personas, más cuenta me doy que mi historia no es poco común. Cuando le cuento a mis amigos o compañeros del ministerio, lo estresada y avasallada que me siento a veces, normalmente asienten en señal de comprensión y me aseguran que saben exactamente de lo que hablo. Gente de todo tipo me ha dicho en algún punto que ellos también han tenido que enfrentar la fría y cruda realidad de que el estrés les estaba impidiendo vivir lo mejor de su vida.

> *Salud, paz, descanso, relaciones, risas...el estrés quiere llevárselo todo*

El estrés es un ladrón que no discrimina. Tomará lo que pueda, de quien pueda. Salud, paz, descanso, relaciones, risas...el estrés quiere llevárselo todo. Y como a cualquier ladrón, no podemos enfrentarlo a menos que nos demos cuenta de que está allá afuera, revolviéndose en las sombras. Si no sabemos que estamos en riesgo, ¿cómo haremos para protegernos?

Permítame compartir con usted algunas estadísticas reveladoras que muestran estudios y encuestas recientes.

- El 49 por ciento de las personas encuestadas manifestaron haber vivido un "evento o experiencia estresante de importancia" en el último año.[1]
- El 83 por ciento de los estadounidenses están estresados por causa de su trabajo.[2]
- El 69 por ciento de la gente con altos niveles de estrés afirmó que su estrés en realidad había *aumentado* en el último año.[3]
- El 41 por ciento de los adultos casados afirman que en el último mes han perdido la paciencia o le han gritado a su cónyuge por culpa del estrés.[4]
- El 52 por ciento de los adultos de dieciocho a treinta y tres años reporta que el estrés les ha impedido dormir en la noche, al menos una vez en el último mes.[5]

Personas de todo el mundo afirman estar experimentado estrés, presión y ansiedad en niveles alarmantes. Existe una cantidad incalculable de estudios, demasiados para contarlos, que muestran que somos una sociedad que funciona con estrés. Y este estrés que enfrentamos está teniendo un efecto alarmante en la manera en que sentimos y actuamos a diario. Observe algunos de los efectos que el estrés tiene sobre nosotros, de acuerdo a un estudio realizado por la Clínica Mayo:[6]

Efectos físicos

- Dolores de cabeza
- Tensión o dolor muscular
- Fatiga
- Alteración del deseo sexual
- Problemas estomacales

Efectos emocionales

- Ansiedad
- Inquietud
- Falta de motivación
- Irritabilidad o ira
- Tristeza o depresión

Efectos en el comportamiento

- Comer en exceso
- Explosiones de ira
- Abuso del alcohol o las drogas
- Uso de tabaco
- Exclusión social

Y con todo lo malo que puedan parecer estos efectos, no son los más peligrosos del estrés. El Instituto Nacional de Salud Mental afirma que "la tensión continua sobre su cuerpo, que ocasiona el estrés frecuente, puede acarrear graves problemas de salud, tales como enfermedades del corazón, alta presión sanguínea, diabetes, depresión, desórdenes de ansiedad y otras enfermedades".[7]

No podemos seguir ignorando esto. El estrés es un

enemigo real, capaz de hacer un gran daño desde el punto de vista físico, emocional y espiritual. No es algo que podamos trivializar y barrer debajo de la alfombra. Sufrir de estrés no es estar "bastante ocupado" o "un poco nervioso". El estrés es una herramienta peligrosa que el enemigo utiliza para tratar de impedir que disfrutemos la vida que Jesús pagó en la cruz para nosotros.

¿Y qué dice usted?

Al principio de este capítulo, le conté sobre el estrés bajo el que yo me encontraba, un estrés que me estaba afectando, aunque en ese momento no me daba cuenta. Y le he contado sobre algunos de mis amigos que se sentían identificados conmigo, porque también habían estado luchado con el estrés. Ahora quiero preguntarle sobre su vida.

Verá, me pregunto si realmente está experimentando y disfrutando lo mejor que Dios tiene para usted. Lo digo porque me tropiezo con mucha gente que está desgastada. Parece que siempre están cansados, alterados y deseando algo mejor. No importa cuanto lo intenten, parece que no pueden identificar la razón de su infelicidad. Seguramente tienen días buenos, pero si son completamente honestos, le dirán que los días malos opacan los buenos.

Y no siempre se debe a las circunstancias. Algunas de las personas más frustradas e infelices que conozco tienen todo lo que siempre desearon: un cónyuge amoroso, hijos hermosos, una carrera exitosa, una gran casa. Pero aún con todo esto, parece que no pueden encontrar la paz y celebrar la vida. No hay tiempo para eso; sus días, en cambio, están llenos de preocupación, nerviosismo, e incertidumbre por el futuro.

¿Conoce ese sentimiento? ¿Se ha sentido intranquilo o

descontento recientemente? ¿Ha sentido algunos de los síntomas mencionados por la Clínica Mayo? Dolores de cabeza, achaques, fatiga, agitación, falta de motivación, irritabilidad, ira, tristeza, comer en exceso, exclusión social, ¿ha tenido que lidiar con esto recientemente? Si es así, es muy posible que esté sufriendo de estrés (sea que lo sepa o no). Y el estrés trata de robarle las cosas buenas que Dios tiene para usted.

Permítame animarlo: el hecho de que esté sufriendo de estrés, no significa que haya algo malo con usted. De hecho, solo significa que usted es un ser humano. Como nos muestran las estadísticas, tanto las mujeres como los hombres alrededor del mundo sufren de

> *Dios tiene una vida mejor para nosotros. Una vida llena de risas, felicidad, abundancia, paz y júbilo.*

estrés. Pero tenemos buenas noticias: no tenemos que ser como el resto del mundo. Como creyentes, se nos ha prometido una vida nueva en Cristo. No debemos dejar que el estrés nos robe la felicidad. No tenemos que darnos por vencidos y pensar: *Bueno, esto es lo que hay.* Podemos permanecer firmes en las promesas de Dios y confiar que Él está llevando a cabo un gran plan para nuestras vidas (hablaremos sobre esto en el próximo capítulo).

Así que si alguna vez se preguntó: *¿Esto es lo mejor que hay?*, la repuesta es un rotundo ¡No! Dios tiene una vida mejor para nosotros. Una vida llena de risas, felicidad, abundancia, paz y júbilo. Pero para darnos cuenta de todo lo que Dios tiene para nosotros, es muy importante que nos liberemos del estrés. Permítame darle cinco sencillos pasos para iniciar ese proceso.

Cinco maneras de librarse del estrés

Una vez que notamos que el estrés está tratando de evitar que experimentemos lo mejor de Dios en nuestras vidas, podemos empezar a realizar algunas elecciones para cambiar las cosas. Estaremos hablando de esos cambios a lo largo de este libro, pero quería darle algunos consejos prácticos en este primer capítulo, para que pueda comenzar a avanzar el día de hoy.

Cuando adquirimos un teléfono celular o algún equipo electrónico nuevo, el fabricante normalmente incluye una "Guía rápida" junto al manual de instrucciones. Bien, esto es como esa guía. Aquí le presento algunos pasos rápidos que puede dar el día de hoy para iniciarse en la lucha contra el estrés:

1. Busque apoyo social

   Los estudios han demostrado que el aislamiento lleva a padecer niveles de estrés elevados. Como seres sociales, pasar tiempo con otras personas es una de las mejores maneras de aumentar nuestra perspectiva. Hay varios recursos sociales que trabajan de forma diferente, según el individuo. Aquí le sugiero algunos:

   □ **La familia:** pase tiempo con los miembros de su familia que le amen y lo apoyen. No los subestime.

   □ **La iglesia:** la iglesia local es donde se reúne la familia de Dios para adorarlo, aprender su Palabra y animarse unos a otros. Si no es miembro de una iglesia estable, basada en la Biblia, le animo a encontrar una a la cual pueda asistir.

☐ **Grupos y clubes:** Los grupos sociales de todo tipo: clubes literarios, de ejercicios, de estudios bíblicos, incluso los grupos de amigos que simplemente se reúnen para cenar una vez a la semana. Todos ayudan a reducir el estrés.

☐ **Terapia:** si no tiene nadie con quien hablar, dejar fluir sus emociones con la ayuda de un terapeuta puede ser de gran ayuda para reducir el estrés e incrementar la salud emocional en general. Le sugiero que se asegure de que se trata de una persona que conozca muy bien la Palabra de Dios, para que el Espíritu Santo, que es "el Consejero" dirija los consejos de esta persona hacia usted.

2. Practique la "terapia de dejar pasar".

Algunas cosas en la vida las podemos controlar: el trabajo que escogemos, los amigos con los que compartimos, la cantidad de café que ingerimos, y la hora en que nos vamos a dormir. Pero otras cosas no las podemos controlar: lo que digan o hagan los demás, las fluctuaciones en la economía, el conductor grosero en la autopista.

> Las personas que se alteran con frecuencia por cosas insignificantes se frustran fácilmente y se llenan de mucho estrés. Quienes dejan pasar esas cosas son mucho más felices.

La forma como reaccionemos ante las cosas que no podemos controlar muchas veces determinan nuestro nivel de estrés. Las personas que se alteran con frecuencia por cosas insignificantes se frustran fácilmente y se llenan de mucho estrés. Quienes dejan pasar esas cosas son mucho más felices.

Dejar pasar no significa que debemos ser indiferentes o que no nos debe importar lo que pase a nuestro alrededor, sino simplemente que reconocemos que no hay nada que podamos hacer en ese momento para cambiar la situación. Lo mejor que podemos hacer cuando las cosas están más allá de nuestro control es dejarlo pasar y confiar en que Dios hará que todas las cosas trabajen para nuestro bien (ver Ro. 8:28).

3. Encuentre su *zona de comodidad*... y quédese ahí.

Mi esposo Dave una vez hizo una de las cosas más sabias que he visto. Cuando trabajaba como ingeniero, le ofrecieron un ascenso que venía con un gran aumento de sueldo y mucho prestigio. Pero él lo rechazó. Al principio pensé que estaba cometiendo un grave error. *¿No nos vendría bien el dinero? ¿No quería que la gente de su compañía lo respetara como un superior?*

Cuando se lo pregunté, Dave me dijo que había observado a los otros sujetos que habían ocupado ese cargo con anterioridad. Me dijo que viajaban muchísimo, y que constantemente les daban plazos irracionales, que los sumergían en un profundo estrés. Me dijo: "Joyce, no es así como quiero vivir". Dave terminó escogiendo otro cargo que le permitía respetar sus valores más apreciados: su compromiso con la familia y su comodidad consigo mismo, en vez de perseguir lo que todos los demás perseguían.

Estoy convencida de que habría mucha más felicidad y menos estrés en el mundo si la gente se tomara el tiempo de conocerse a sí misma y su zona de confort, y permaneciera allí. Esto va más allá del sitio de trabajo. Si hay algo en su vida que le está robando el gozo o la salud, esa no es su zona de confort, salga de allí lo más rápido que pueda. Eliminar de su agenda todas las cosas que no están trayendo buenos frutos reducirá en gran medida su nivel de estrés y le permitirá disfrutar de las cosas en la que usted elija concentrarse.

4. Nutrición, suplementos probados, dieta saludable y ejercicio.

Lo que ponemos en nuestro cuerpo tiene un enorme impacto en nuestros niveles de estrés. La nutrición adecuada, los suplementos probados, y una dieta saludable en general, influyen enormemente en la forma como nos sentimos cada día.

Lo animo a que de forma consciente realice una combinación bien balanceada de alimentos nutritivos y saludables, suplementos probados y vitaminas, que lo ayuden a combatir el estrés diario.

No puedo repetir lo suficiente la importancia que tiene hacer ejercicios de forma regular. Muchos creen que no tienen tiempo de ejercitarse, pero la verdad es que si no se toman el tiempo de hacerlo ahora, es probable que pierdan más tiempo visitando doctores y teniendo que permanecer inactivos e improductivos porque se sienten mal. ¡El ejercicio es una de las fuentes de energía más importantes que existen!

5. Programe tiempo para relajarse

Relajarse no es un acto egoísta o de gente floja. No es holgazanear. Es una manera de recargar las baterías desde el punto de vista físico, emocional y espiritual, lo que nos permite regresar al combate con las fuerzas renovadas. Logrará más y vivirá más tiempo y con mejor salud si se toma el tiempo de tratarse mejor.

Hay miles de formas de relajarse. Sea desconectándose con música, leyendo un buen libro, tomando un baño tibio a la luz de las velas, saliendo a caminar o realizando un deporte que nos guste, sabemos qué se siente estar relajados, y sabemos cuándo nos está ocurriendo. Lo animo a que haga de la relajación una parte de su vida diaria.

Si se ha sentido robado o engañado últimamente, si se ha preguntado *¿esto es lo que hay?*, recuerde que una vida en Cristo se pone cada vez mejor. Proverbios 4:18 dice que "la senda de los justos es como la luz de la aurora, **que va en aumento (en brillo y claridad) hasta que el día es perfecto**" (negritas añadidas).

¡Eso significa que Dios tiene grandes cosas para su vida! No importa cuán irritante, frustrante o estresante sea la situación que enfrenta el día de hoy, no permita que le roben su esperanza, o le disminuyan su gozo. Si confiamos en Dios y aprendemos a dejar ir todo el estrés que está tratando de refrenarnos, nos sorprenderemos de lo cuán mejor puede ser la vida.

Para recordar

➤ El estrés es un enemigo real, capaz de infligir daño físico, emocional y espiritual. No es algo que debamos trivializar y esconder bajo la alfombra.

➤ No tenemos que acostumbrarnos a ser víctimas del estrés. Como creyentes, se nos ha prometido una vida nueva, poderosa y victoriosa con Cristo.

➤ Cuando nos damos cuenta de que el estrés nos está apartando de las bendiciones de Cristo para nuestras vidas, podemos empezar a hacer las elecciones necesarias para cambiar las cosas.

➤ Cinco maneras de librarse del estrés: busque apoyo
social, practique la "terapia de dejar pasar", encuentre
su zona de confort y quédese ahí, cuide su alimentación: (incluyendo los suplementos necesarios), una
dieta saludable y el ejercicio, y programe tiempo para
relajarse.

¿Sabía que...?

Sea mucho o poco estrés, su cuerpo reacciona de la misma manera. El cuerpo humano no diferencia entre un poco de estrés y mucho estrés. Sin importar el catalizador, una reacción típica al estrés inunda el cuerpo con una ola de mil cuatrocientos eventos bioquímicos. Si esto ocurre con mucha frecuencia, envejecemos prematuramente, se afecta nuestra función cognitiva, y nos quedamos sin energía y claridad.[8]

MANTENGA LA CALMA
Y
DECIDA CREER

CAPÍTULO 2

¿Quién está a cargo?

"Cuando un tren va por un túnel y todo se pone oscuro, no tomamos los boletos y saltamos por la ventana. Nos sentamos tranquilos y confiamos en el ingeniero".

—Corrie ten Boom

Pocas cosas en la vida son más estresantes que el acto de pensar: *es mi responsabilidad*.

Es mi responsabilidad criar a mis hijos como buenas personas.

Es mi responsabilidad mantener la casa limpia y ordenada todo el tiempo.

Es mi responsabilidad definir mi futuro.

Es mi responsabilidad pagar por mis errores del pasado.

Es mi responsabilidad proveer a mis hijos todo lo que necesitan.

¡Fiu! Mis niveles de estrés empezaron a aumentar solo con escribir esta lista. Pero así es como vivimos la mayor parte del tiempo, ¿no es así? Asumimos que si hay que hacer algo, debemos ser los que estemos a cargo. Decimos cosas como: "¡Dámelo, yo lo hago!", o "¡Desde aquí lo llevaré!, o "¡Si quiero que algo quede bien hecho, debo hacerlo yo mismo!".

El problema de esta forma de pensar es que no deja espacio para Dios. En el momento en que empezamos a pensar *estoy al control,* en vez de confiar en que *Dios está al control,* es cuando le damos entrada al estrés en nuestras vidas. Entiendo que hay momentos en la vida en los que tenemos que tomar acciones decisivas. No estoy sugiriendo que se siente y no haga nada. En el trabajo, con su familia, con sus amigos, siempre habrá oportunidades para que se haga cargo de las cosas. El estrés entra a nuestras vidas no cuando hacemos las acciones correctas, sino cuando intentamos tomar el control.

Dios es bueno, y Él desea que confiemos completamente en Él. Desea que entremos en su descanso, y que nos abandonemos totalmente a su cuidado. Cuando somos capaces de creer y decir: "Dios en ti confío", la ansiedad se desvanece. El Salmo 37:3 dice: "Confía en Jehová y haz el bien". Es así de simple. Cuando decidimos diariamente confiar en la guía de Dios, mientras hacemos las cosas buenas que sabemos hacer, Él trae una cosecha de bendiciones a nuestras vidas y satisface todas nuestras necesidades.

Así que déjeme preguntarle: ¿quién tiene el control de su vida? ¿A quién le confía los planes para su futuro? ¿En quién confía usted para indicarle el camino? ¿En quién confía usted como proveedor, incluso cuando la necesidad es acuciante? Las respuestas a esas preguntas le ayudarán a determinar qué tipo de vida vivirá usted, si será una vida sobrecargada o una vida en victoria. Cuando no ponemos a Dios en primer lugar, la vida se vuelve un desastre y nos llenamos de estrés.

> *Cuando no ponemos a Dios en primer lugar, la vida se vuelve un desastre y nos llenamos de estrés.*

¡Viaje por la carretera!

Hace poco, un amigo me contó de un viaje que hizo con su familia. Cruzaron medio país por carretera, en un período de tres días. La ruta que escogió los llevó por regiones montañosas, ciudades bulliciosas, y largos tramos de grandes autopistas. Mientras él y su esposa consultaban el GPS, planeaban paradas para reponer gasolina y comer, navegaban a través del denso tráfico y hacían el presupuesto de los gastos de viaje, se dieron cuenta de que sus hijos la estaban pasando en grande en la parte de atrás del auto.

Al mirar por el retrovisor, pudieron observar la actitud desenfadada de los niños. Pasaron el tiempo viendo películas en la computadora, jugando con las aplicaciones en la tableta de su esposa, diciéndose chistes tontos, comiendo de las provisiones que la familia llevaba dentro del auto, disfrutando juegos de viaje, y tomando siestas cuando estaban cansados. Cuando vio lo contentos y tranquilos que estaban, no pudo evitar pensar: *¡Esto es vida!*

La imagen de sus hijos relajados y disfrutando del viaje le recordó a mi amigo cómo debemos vivir la vida como creyentes, contentos y desenfadados. Él me dijo: "Joyce, mis hijos confiaban en que yo tenía el control. Ellos sabían que yo los llevaría con seguridad hasta su destino. No se preocupaban por lo que costaría el viaje, cuál sería la mejor ruta a tomar, o cómo iba funcionando el auto. Yo me encargaba de todas esas cosas. Su trabajo era sencillo: relajarse, hacer lo que yo les dijera y disfrutar el viaje".

Creo que nuestras vidas serían mucho menos estresadas si fuésemos más parecidos a esos niños. No hay necesidad de preguntarnos por qué Jesús dijo que nuestra fe debía ser como la de los niños (Mt. 18:1-5). Esos niños no trataron de controlar el viaje, ni pidieron manejar por unas cuantas millas. Y, ciertamente, no se quejaron de la dirección hacia donde estaban viajando. Durante todo el viaje, estuvieron complacidos de que su padre tuviera el control, porque confiaban en que él tenía un gran plan.

Así es como debemos vivir el viaje de nuestras vidas. En vez de llenarnos de estrés y preocuparnos por la dirección que pensamos estamos tomando, en vez de sentirnos molestos cuando el camino parece difícil, en vez de preguntarnos por qué está tardando tanto, debemos confiar en nuestro Padre celestial. Podemos soltar el timón y dárselo a Dios, confiando en que Él tiene un plan grandioso para nuestras vidas.

Tengo una personalidad fuerte, y me gusta tomar decisiones y trabajar duro para lograr mis metas, pero entiendo que Dios es el único que determina el curso de mi vida. Me tomó mucho tiempo alcanzar este estado de paz, pero afortunadamente, ya he sometido toda mi vida a Él. Así que cuando hay que tomar una decisión o cuando surge una oportunidad, primero consulto con Dios, preguntándole si eso es algo que Él quiere que yo haga. Si no siento paz con ello, no lo hago. Muchas veces pensé inicialmente que algo era una buena idea, pero no sentía paz cuando oraba al respecto, así que lo abandonaba. Y me sentí complacida cada vez que lo hice, porque más tarde descubrí que me hubiera ido muy mal si lo hubiera aceptado. El camino más rápido hacia la paz es aprender a someter cada decisión que tomemos en la vida a Dios. El estrés no tiene cabida en nuestra vida cuando Dios está en control.

> *El camino más rápido hacia la paz es aprender a someter cada decisión que tomemos en la vida a Dios.*

No puedo hacerlo sin ti

En Éxodo 33, Moisés está orándole a Dios y le hace una declaración directa (casi una exigencia). Supongo que fue algo que sintió tan intensamente que no pudo evitar decirlo, esperando que Dios lo entendiera. ¿Alguna vez ha orado de esa manera? ¿Alguna vez hizo una oración tan desesperada que no tuvo tiempo de hacer que sonara bonita; solo clamó al Señor, esperando que entendiera? (Pista: a veces esas son las mejores oraciones). Si le ha pasado, sabe cómo se sintió Moisés, porque así exactamente fue como él oró.

Era un momento difícil para Moisés y los israelitas. En el capítulo anterior, la gente se había rebelado cuando Moisés se encontraba en el Monte Sinaí. En vez de esperar que Moisés regresara y les transmitiera todo lo que el Señor le había dicho, el pueblo se impacientó y decidió confeccionar un becerro de oro para adorarlo. Toda la comunidad, incluyendo a Aarón, el hermano de Moisés, había sufrido las consecuencias de adorar una imagen falsa en el altar.

Así que ahora, en el capítulo 33, Dios instruye a Moisés para que levante el campamento y continúe el viaje a la Tierra Prometida. Dios dijo en el versículo 1: "Anda, vete de aquí, tú y el pueblo que sacaste de la tierra de Egipto, a la tierra de la cual juré a Abraham, Isaac y Jacob". Esto suena como buenas noticias, ¿verdad? El viaje continuaría; Dios, una vez más, guiaría a los hijos de Israel hasta su herencia prometida.

Pero había un problema. Dios no iría con Moisés y el pueblo, ellos debían viajar por su cuenta. El Señor le dijo a Moisés:

"Subirás a la tierra que fluye leche y miel, **pero yo no subiré contigo**, no sea que te destruya en el camino, pues eres un pueblo muy terco".

Éxodo 33:3 (negritas añadidas).

En ese momento, Moisés debía tomar una decisión. Y era una decisión que pondría muchas cosas en juego. Afectaría su futuro y el futuro de cada persona del campamento. Estas eran sus opciones:

Opción 1: Moisés podía confiar en su habilidad probada como líder y aceptar. Podía avanzar, tomar las decisiones y llevar la batuta. Después de todo, Moisés había nacido para ser un líder. Sabía tomar decisiones importantes en los momentos más cruciales. ¡Esta era su oportunidad de hacer las cosas a su modo!

Opción 2: Moisés podía entender que si Dios no los estaba guiando, ni él ni el pueblo de Israel tenían ninguna oportunidad. ¿Para qué ir a algún sitio, si Dios no iba con ellos? En vez de movilizarse, podía pedirle a Dios humilde, pero decididamente, que perdonara al pueblo y tomara control del viaje.

Moisés no dudó al hacer su elección. En Éxodo 3:15, Moisés declara enfáticamente: "Si tu presencia no ha de acompañarnos, no nos saques de aquí". ¿Se da cuenta de la determinación de esas palabras? Con total seguridad, Moisés básicamente dijo: *Señor, ¡no voy a ir a ningún lado sin ti!*

Me encanta esta valiente afirmación que hizo el líder de Israel. Moisés entendió que él no era el verdadero líder, en lo absoluto. Es verdad que Dios le había dado responsabilidades. Y sí, Moisés tenía un rol importante en el viaje que Dios les dijo a los israelitas que hicieran. Pero Moisés entendía que

Dios era su líder y quien estaba a cargo. Y Moisés sabía que, sin Dios, no podían tener éxito duradero. Así que Moisés proclamó: "No iré a ningún lado sin tu guía, Dios".

Las circunstancias son diferentes, pero las opciones que Moisés enfrentaba eran las mismas opciones que usted y yo enfrentamos hoy. Cuando nos enfrentamos a un dilema o cuando consideramos una decisión, podemos confiar en nuestra propia habilidad para manejar la situación, o podemos confiar en el liderazgo de Dios y pedirle que tome el control. Y como Moisés, la elección que hagamos tiene ramificaciones importantes. Si vamos por la vida con la mentalidad de "todo es mi deber", viviremos constantemente bajo el estrés y la preocupación constante que viene con la dependencia en nosotros mismos. Pero si abrazamos una mentalidad de que "todo le corresponde a Dios", seremos capaces de disfrutar la vida y vivir libres de estrés.

Así que la pregunta sigue vigente: ¿quién está a cargo? ¿Tomará la primera opción y llevará el peso del mundo sobre sus hombros, o seguirá el ejemplo de Moisés y escogerá la segunda opción, la de pedirle a Dios que tome el control? Le corresponde a usted elegir.

Recuerdo cuando Dios me guió a dejar mi trabajo y a invertir tiempo en prepararme para el ministerio de enseñanza que Él quería que yo siguiera. Nos quedaríamos un poco cortos de dinero todos los meses y no necesito decir que eso me preocupaba mucho. Estaba tan preocupada y asustada que a veces sentía que mis rodillas desfallecían y flaqueaba. Un día en particular, escuché que Dios me habló al corazón: "Joyce, puedes tratar de hacer todo esto por ti misma, o puedes confiar en que yo te provea; es tu decisión". Me detuve donde estaba y dije: "Escojo confiar en ti, Señor". Me complace informar que Dios fue fiel y que siempre pudimos pagar las cuentas.

Tiempo de prueba

Muchos han estado dependiendo de sí mismos durante mucho tiempo (en vez de confiar en Dios) y no se dan cuenta de lo que están haciendo. El apoyarse en sí mismos puede ser el resultado de varias cosas diferentes. Algunas personas comienzan a valerse por si solos desde que son niños porque sus padres estuvieron ausentes, o eran disfuncionales, o abusivos. Otros comienzan a hacerlo más adelante en la vida, cuando un cónyuge los traiciona o los abandona. Muchos tienen una personalidad tan fuerte que siempre han tenido la tendencia a confiar en sus propias habilidades, en vez de mirar primero a Dios. Y muchos otros ni siquiera saben que confiarle su vida a Dios es una opción que tienen a su disposición.

Sea cual sea la razón, creo que hemos dejado claro que nuestra vida tendrá mucha más paz y felicidad cuando le demos el control a Dios. Proverbios 3:5 lo dice de este modo: "Confía en Jehová con todo tu corazón **y no te apoyes en tu propia prudencia**" (negritas añadidas). Así que, si todavía no está seguro de si está "apoyándose en el Señor" o "apoyándose en su propio conocimiento", aquí le propongo un pequeño test que le puede ayudar a descubrirlo:

El test del control:

1. Cuando recibe malas noticias inesperadamente, ¿cuál es su primer pensamiento?
   a. ¿Cómo puedo arreglar esto?
   b. Oh no. ¡Aquí vamos otra vez!

c. Dios no está sorprendido con esta noticia. Él puede obrar esto para mi bien.

2. Cuándo habla de su futuro, es más probable que comience una oración diciendo:

a. "No tengo muchas opciones, pero..."

b. "Si trabajo lo suficiente, yo puedo..."

c. "Sé que Dios tiene un gran plan para mí, así que..."

3. Cuándo alguien dice algo malo acerca de usted, ¿usted está más inclinado a..?:

a. Devolver el favor

b. Ignorarlo (pero recordar cómo le hicieron daño)

c. Orar por esa persona, confiando en que Dios lo defienda

4. Si sus hijos tienen problemas en la escuela, usted:

a. Se culpa por sus fallas como padre

b. Se reúne con el maestro

c. Le pide a Dios sabiduría y consciencia, y *luego* se reúne con el maestro

5. ¿Cuál de las siguientes actividades en más importante para usted todas las mañanas?

a. Prepararse para enfrentar el día

b. Revisar los medios sociales para ver lo que los demás están diciendo

c. Pasar tiempo con el Señor

Este pequeño test no está diseñado para hacerlo sentir culpable si descubre que no está confiando en Dios como debería. Solo quiero ayudarlo a ver lo fácil que es caer en la trampa de depender de nosotros mismos y pensar: *¡Es mi responsabilidad hacerlo!* Es una manera muy estresante de vivir, y Dios tiene algo mucho mejor para usted.

Algunas de las opciones que se mencionaron anteriormente, no son necesariamente correctas o incorrectas, pero no son lo mejor de Dios. En cada una de las situaciones mencionadas, la opción "c" indica que le está confiando el control de su vida a Dios. Si escogió las opciones "a" o "b", no se desanime. Durante muchos años también escogí esas opciones. Pero con la ayuda de Dios, podemos pasar de la dependencia en nosotros mismos a la dependencia en Dios.

> Con la ayuda de Dios, podemos pasar de la dependencia en nosotros mismos a la dependencia en Dios.

Simplemente comience por pedirle a Dios que le avise cada vez que usted esté tratando de tomar el control, en vez de confiar en Él. Normalmente, si estoy tratando de enfrentar un problema con mis propias fuerzas, comienzo a sentirme tensa, y eso es un indicador de que necesito pedirle ayuda a Dios.

Le sugiero que se tome unos minutos al día para hacer una oración similar a esta: "Señor, te confío la dirección de mi vida, y te doy el control del día de hoy. Haré mi parte, y trabajaré diligentemente como me has dicho, pero no aceptaré el estrés que resulta de pensar que tengo que tener todas las respuestas. Yo sé que tú tienes todas las respuestas, y creo que tú me guiarás para hacer lo correcto. Confío en que tienes un gran plan para mi vida".

Para cerrar el capítulo, me gustaría compartir una última cosa de la historia de Moisés. Después de la valiente oración de Moisés en el versículo 15, Dios le contestó. No estaba molesto u ofendido por el atrevimiento de Moisés. De hecho, era lo contrario. Dios estaba complacido de que Moisés no quisiera ir a ningún sitio sin el liderazgo del Señor. En Éxodo 33:17, Dios le dice a Moisés: "También haré esto que has dicho, por cuanto has hallado gracia a mis ojos y te he conocido por tu nombre".

Quiero que sepa que Dios siente lo mismo por usted. Dios no está molesto con usted hoy. Como Moisés, también ha "hallado gracia" ante los ojos de Dios, y Él lo conoce "por su nombre". Así que la próxima vez que enfrente una situación estresante o deba tomar una decisión difícil, no lleve esa carga. Acuda a Dios y pídale que tome el control. Él no dudará en responderle y mostrarle el camino correcto que debe seguir. Puede que necesite tener paciencia, ¡pero Dios siempre es fiel!

Para recordar

➤ Pocas cosas en la vida son más estresantes que pensar: *¡Es mi responsabilidad hacerlo!*

➤ Dios en bueno y desea que confiemos totalmente en Él. Desea que entremos a su descanso, y que nos abandonemos totalmente a su cuidado.

➤ Todos los días enfrentamos dos opciones: *Confiar en nosotros mismos o confiar en Dios.*

➤ Confiarle nuestra vida a Dios no significa que no tengamos responsabilidades, o que no tomemos ninguna decisión. Simplemente significa que sometemos cada responsabilidad y decisión a Él.

➤ Usted ha encontrado favor, amor y misericordia en Dios. ¡Él lo conoce personalmente por su nombre!

¿Sabía que...?

Los aceites de anís, albahaca, laurel, camomila, eucalipto, lavanda, menta, rosa y timo son esencias tranquilizantes que pueden ayudar a reducir el nivel de estrés.[1]

MANTENGA
LA CALMA
Y
CONFÍE

CAPÍTULO 3

El mejor desestresante que existe

"La tristeza mira hacia atrás. La preocupación mira alrededor. La fe mira hacia arriba".

—Ralph Waldo Emerson

Cuando estaba preparando este libro, me di cuenta de que era importante escribir no solo sobre las causas, sino también sobre los remedios para el estrés. Si no conocemos las curas para el estrés, saber las causas no es muy útil, sino algo más bien desalentador. En este capítulo me gustaría hablarle de una cura básica que es muy efectiva, porque es una medida de prevención, que le ayudará a detener el estrés en su vida antes de que se instale en ella.

La manera más rápida de vencer cualquier problema es estar al tanto de que el problema existe, saber la respuesta, e implementar la solución *antes* de que el problema se nos salga de las manos. Si prevenimos la crisis antes de que comience, la vida será mucho más fácil y disfrutable. ¿Se ha dado cuenta de eso?

Permítame darle algunos ejemplos:

- Es más fácil y más efectivo enseñar a los niños pequeños a portarse bien, que tener que corregir su mal comportamiento cuando ya son grandes.
- Es más fácil y más efectivo mantener un peso saludable con base en una alimentación saludable y ejercicio, que hacer una dieta estricta una semana

antes de la fecha en que necesitas ponerte ese vestido especial.

- Es más fácil y más efectivo estar alerta en clases y estudiar un poco todos los días, que estar despierto toda la noche atiborrándose de información para el examen del día siguiente.

Es decir, si sabemos la solución de antemano, podemos *actuar* sabiamente, en vez de *reaccionar* apresuradamente. Este es un secreto para triunfar en todas las áreas de nuestra vida….incluyendo la tarea de superar el estrés. En este capítulo, quiero ayudarlo a conocer la respuesta de antemano, para que nunca más tenga que reaccionar ante una situación estresante con sentimientos de pánico y miedo.

Pero primero, miremos con mayor detalle lo que es el estrés y cómo afecta nuestro cuerpo. El estrés, en su forma más básica, es un tipo de pánico. Es un sacudón que recibe nuestro sistema nervioso, originado por la percepción de un peligro aparente. Todas las situaciones estresantes que enfrentamos, aunque sean mentales o emocionales, tienen el mismo efecto en nuestro cuerpo que una crisis real.

> *El estrés, en su forma más básica, es un tipo de pánico. Es un sacudón que recibe nuestro sistema nervioso, originado por la percepción de un peligro aparente.*

He leído varias descripciones de lo que le pasa al cuerpo cuando reacciona ante una situación estresante. El elemento estresante, sea cual sea, origina un impulso que es enviado al cerebro. El cerebro combina emociones con razonamiento. En este proceso, la persona que reacciona al elemento estresante analiza la situación. Si lo percibe como una amenaza, la respuesta de su cuerpo es "luchar o correr".

El sistema nervioso responde de tres formas. Primero, estimula directamente ciertos sistemas corporales, el corazón, los músculos, y el sistema respiratorio, con impulsos eléctricos que causan un aumento en la frecuencia cardíaca, la presión sanguínea, la tensión muscular y la respiración.

Segundo, estimula la médula adrenal, un parte de la glándula adrenal que libera las hormonas adrenalina y noradrenalina, que alertan y preparan al cuerpo para actuar. Esta reacción comienza treinta segundos después de la primera, pero dura diez veces más.

Y tercero, el sistema nervioso estimula el hipotálamo en el cerebro, que libera una sustancia química que estimula la glándula pituitaria. La glándula pituitaria libera una hormona que causa que las glándulas adrenales continúen liberando adrenalina y noradrenalina, y que comiencen a liberar cortisol y corticosterona, que afectan el metabolismo, incluyendo un aumento en la producción de glucosa. Esta prolongada reacción, ayuda a mantener la energía que se necesita para responder en una situación de amenaza. Casi todos los sistemas del cuerpo reaccionan, algunos más directamente que otros, en respuesta al elemento estresante.

Cada vez que nos emocionamos, nos estimulan o estamos alterados, aunque no nos demos cuenta, nuestro sistema entero está decidiendo si luchar o correr para defenderse de la amenaza o la situación de peligro aparente.[1]

Luego, cuando nos calmamos, nuestro cuerpo sale de ese estado de emergencia y comienza a funcionar con normalidad, de la manera que se supone lo haga la mayor parte del tiempo. La vez siguiente que enfrentemos una situación estresante o nos alteremos, comienza todo el proceso nuevamente. Y así va, arriba y abajo, dependiendo de nuestro cambiante estado mental y emocional. Esto es lo que le pasa a nuestro cuerpo cuando atravesamos una aparente crisis. Como se imaginará, los efectos del estrés excesivo pueden tener amplias consecuencias y de larga duración.

Así que el estrés, en su forma más básica, es una reacción, una forma de pánico. Es la manera en que su cuerpo le dice: "Algo malo ha pasado; debe luchar o correr". Cuando hay un peligro real, esta reacción física y emocional puede ser beneficiosa, pero la mayoría de las cosas que nos llenan de estrés no son peligros reales, sino peligros aparentes. *¿Y si pierdo mi trabajo? ¿Será que les agrado? ¿Cómo haré para hacer todo esto?* Estas ansiedades y cientos de otras parecidas disparan su reflejo de "luchar o correr" de una manera poco saludable y perjudicial. Ahora que sabe lo que el estrés hace en su cuerpo, miremos cómo podemos detenerlo en seco antes de que comience el ciclo dañino.

Medicina preventiva

La confianza es un aspecto esencial para prevenir el estrés. Cuando vivimos con confianza, el estrés tiene muy poco o ningún efecto sobre nosotros. Pero no estoy hablando de autoconfianza. La autoconfianza puede ser de ayuda, pero incluso el individuo más confiado debe conocer sus limitaciones. El tipo de confianza de la que estoy hablando es la confianza en Dios. Este tipo de confianza nos hace inmunes a los efectos dañinos del estrés. Dios quiere que tengamos confianza (fe) en que Él está trabajando en nuestro nombre.

En el capítulo anterior, hablamos de la decisión de darle

a Dios el control de nuestras vidas. Eso es muy importante porque ahora que sabemos que Dios está al control, ya no tenemos que sufrir las presiones y ansiedades que otros sufren. Podemos sentirnos confiados, incluso frente a las situaciones más generadoras de estrés.

Imagine que usted está jugando una partida de basquetbol callejero y que el mejor jugador de la NBA es el capitán de su equipo. ¿Se preocuparía por el resultado? ¡Por supuesto que no! Usted tendría la confianza para desafiar a cualquier equipo. O si usted estuviera cantando un dueto en el show de talentos local y el vocalista más famoso del mundo fuese su amigo y compañero de dueto. ¿Estaría muerto de los nervios antes de salir al escenario? ¡Por supuesto que no! Cantaría con confianza, sabiendo que el talento de su compañero los ayudará a los dos a ganar. Así ocurre con Dios. Cuando tenemos la seguridad de que Dios está de nuestro lado, que Él está trabajando en nuestro nombre, podemos despreocuparnos de todas las cosas que antes nos hacían correr de miedo.

Esto es exactamente lo que el rey Josafat aprendió a hacer. La Biblia nos cuenta su historia en 2 Crónicas 20. Al principio del capítulo, vemos que tres ejércitos se habían unido para atacar a Josafat y el pueblo de Judá. La Biblia dice que "una gran multitud" de soldados venía contra ellos. Como se podrá imaginar, era una situación muy estresante. Aunque Josafat al principio tuvo miedo, no entró en pánico. En cambio, el rey acudió a Dios en oración, porque sabía que Dios estaba al control. Las probabilidades estaban ciertamente en contra de Josafat y su ejército, pero cuando Dios está de nuestro lado, las probabilidades no importan. Dios le respondió a Josafat:

> "No tendréis que pelear vosotros en esta ocasión; **apostaos y quedaos quietos; veréis como la salvación de Jehová vendrá sobre vosotros.** Judá y Jerusalén, no temáis ni desmayéis; salid mañana contra ellos, **porque Jehová estará con vosotros**".
>
> 2 Crónicas 20:17 (negritas añadidas)

Antes de que comenzara la batalla, antes de que una sola espada fuera desenvainada o una flecha lanzada, Dios le aseguró a Judá y al rey Josafat que ganarían la batalla... ¡porque Dios estaba peleando por ellos! Él estaba obrando en su nombre.

Es lo mismo que Dios le dice a usted el día de hoy. No tiene que preocuparse o sentir temor por una aparente carencia, lucha o incertidumbre que pueda enfrentar; ¡Dios está de su lado! Él proveerá todo lo que usted necesite. Él peleará la batalla por usted. Todo lo que tiene que hacer es "apostar y quedarse quieto; y ver como la salvación de Jehová vendrá sobre usted, [...] porque Jehová estará con usted".

Ya alguien se hizo cargo

Alguna vez alguien se le ha acercado y le ha dicho: "Necesito contarte un problema, pero antes de decírtelo, quiero que sepas que no hay nada de qué preocuparse, ya yo me hice cargo". Como líder de una organización de talla mundial, esto me ha pasado unas cuantas veces: me informan sobre un problema, pero me aseguran que ya se han hecho cargo y que no tengo nada de qué preocuparme.

> ¡Nuestra parte es confiar en Dios, y su parte es proveer la respuesta que necesitamos!

Este es el tipo de confianza que podemos tener con Dios.

Habrá eventos estresantes y problemas en nuestra vida diaria, pero podemos tener la seguridad interna de que Dios ya se ha hecho cargo de él. Ya Él ha ido delante de nosotros y ha preparado el camino por el que debemos caminar (Ef. 2:10). Puede que no veamos la solución inmediatamente, ni veamos exactamente cómo Dios arreglará el problema, pero podemos estar seguros de que lo hará…porque eso es lo que Él promete en su Palabra. ¡Nuestra parte es confiar en Dios, y su parte es proveer la respuesta que necesitamos!

Aquí están algunas promesas de Dios que le ayudarán a aumentar su confianza:

- **"Jehová, vuestro Dios, os ha dado esta tierra como heredad;** pero iréis armados todos los valientes delante de vuestros hermanos, los hijos de Israel" (Dt. 3:18, negritas añadidas).
- "No temas, porque yo estoy contigo…**siempre te ayudaré, siempre te sustentaré** con la diestra de mi justicia" (Is. 41:10, negritas añadidas).
- "Mi Dios, pues, **suplirá (llenará completamente) todo lo que os falta** conforme a sus riquezas en gloria en Cristo Jesús" (Fil. 4:19, negritas añadidas).

Estas promesas (y muchas otras contenidas en la Palabra de Dios) son el secreto para evitar el estrés, antes de que comience. Cuando surge un problema, antes de presionar el botón de pánico y disparar la montaña rusa física y emocional del estrés, recuerde que Dios ha prometido que Él irá delante de usted y que Él hará un camino para usted (aunque parezca que no existe un camino). La confianza de que Dios siempre está obrando es una medicina preventiva.

Si tenemos esta confianza, habremos implementado una solución, incluso antes de caer en el problema del estrés.

Observemos esto desde el punto de vista práctico:

> Digamos que Bill recibe una llamada del doctor diciéndole que debe regresar el viernes al consultorio para hacerse unos exámenes adicionales. Bill debe hacer una elección. Puede pasar la semana sintiéndose fatal, preso del pánico y el temor, y preguntándose cuál podrá ser el problema, o vencer el estrés antes de que comience. Él puede decir: "Señor, no pensaré lo peor. Sé que estás obrando en mi nombre. Te doy las gracias por mi salud y con tu ayuda voy a escoger la paz y no el estrés esta semana". Eso no significa que Bill nunca se sienta preocupado o ansioso; significa que confía en que Dios está obrando en su nombre y que no importan los resultados de los exámenes, Dios está al control.

O el caso de Sally…

> Sally debe tomar una decisión importante. Ahora que los niños ya son grandes y van al colegio, se debate entre la idea de reincorporarse a la fuerza laboral o quedarse en casa. Ambas situaciones tiene sus pros y sus contras, pero no sabe qué decisión tomar, y eso le está empezando a causar insomnio. En esta situación, ya el estrés está avanzando. Sally está perdiendo su gozo porque tiene miedo de tomar la decisión equivocada. Esta es una oportunidad perfecta para que Sally vuelva a poner su confianza en el Señor. Si Sally recuerda que el Señor está en control y que está obrando en su nombre y en nombre de su familia, tomará su decisión sin

temor. En vez de sentir miedo de tomar "la decisión equivocada", sabrá que Dios proveerá, sea lo que sea que ocurra, Dios *ya se hizo cargo*. Ahora Sally puede relajarse, y tomar confiadamente la decisión que le traiga mayor paz. Ella puede dar un paso de fe y confiar en que si su decisión es buena, Dios le abrirá todas las puertas que necesitan abrirse.

Ahora veamos el caso de Jennifer...

Jennifer se inscribió recientemente en un programa de educación continua en el instituto local para obtener el título de secundaria, que nunca pudo obtener cuando era adolescente. Tuvo que reunir mucho valor para regresar al colegio diez años después, pero ahora la asaltan las dudas. Está comenzando a preocuparse por gastar el dinero para las clases, y se pregunta si será capaz de aprobar. Jennifer debe hacer una elección. Puede preocuparse o permanecer confiada, sabiendo que Dios proveerá todo lo que necesita. Esta es su oportunidad de vencer el estrés antes de que comience. Ella puede orar así: "Dios, sé que puedo hacer cualquier cosa en tu fuerza, y sé que si tengo la actitud correcta, esto será una gran experiencia". Si Jennifer confía en que Dios *ya se ha hecho cargo,* avanzará con confianza y logrará sus metas.

Muy bien, he mencionado el caso de Bill, de Sally y de Jennifer, pero, ¿cuál es su caso? ¿Qué situación está viviendo que le ha hecho subirse a la montaña rusa del estrés? Sea lo que sea, lo animo a cambiar su forma de pensar.

En vez de reaccionar con pánico, preguntándose cómo lo va a lograr, puede escoger actuar con confianza.

En vez de *reaccionar* con pánico, preguntándose cómo lo va a lograr, puede escoger *actuar* con confianza. Dios peleó la batalla por el rey Josafat cuando todas las probabilidades estaban en su contra, y Dios puede hacer lo mismo por usted. Permanezca confiado, sabiendo que Dios ya se ha hecho cargo, no importa de qué se trate. Él trabaja en su nombre, y cuando Él está de su lado, no hay manera de que usted pierda. Recuerde: preocuparnos es una actividad completamente inútil. Nunca traerá ningún tipo de beneficio real. Pero cuando ponemos nuestra fe en Dios, ¡le abrimos la puerta para que obre!

La confianza para saltar

En su libro *Holy Sweet* (Sudor santo), Tim Hansel nos cuenta la historia de una excursión que hizo con su pequeño hijo. Cuando escalaban unos acantilados en el campo, Hansel escuchó una voz desde arriba que gritaba: "¡Hey, papá! ¡Atrápame!". Volteó justo a tiempo para ver a Zac, su hijo, volando por los aires, después de haber saltado de una roca alta en la parte de arriba.

Hansel se lanzó para atrapar a su hijo y ambos cayeron tambaleándose al piso. ¡A Zac le encantó! Exasperado, Hansel gritó: "¡Zac! ¿Me puedes explicar por qué hiciste eso?". Su pequeño hijo le respondió con una confianza tranquila: "Claro. Porque eres mi papá".[2] Era así de simple. El joven Zac sabía que su padre estaría allí para atraparlo.

He conocido a mucha gente que no ha saltado en mucho tiempo. En vez de dar un salto de confianza, de impulsarse hacia las oportunidades y los retos de la vida, aún están inmóviles, congelados de miedo. La preocupación, la ansiedad y estrés son las anclas que los mantienen pegados a tierra. Aterrados y con voces temblorosas, estos individuos pasan los días diciendo cosas como: "Puede que no funcione", "¿Y si no lo logro?" y "Es que soy muy nervioso".

Pero este no tiene que ser su caso. Usted puede ser una persona que venza el estrés y disfrute de una vida llena de aventuras. No importa lo alto del acantilado ni lo inestable del camino, usted puede saltar por una razón: su Padre está allí para atraparlo. Él siempre ha estado a nuestro lado, trabajando en nuestro nombre. No debemos preocuparnos ni sentir temor. Si Dios lo lleva a hacer algo, salte con confianza y viva una vida que venza el estrés antes de que aparezca.

Para recordar

➤ Aunque no nos demos cuenta, el estrés hace que nuestro cuerpo se prepare para luchar o correr y defenderse de un peligro aparente.

➤ La confianza de saber que Dios está obrando en nuestras vidas, evita que entremos en pánico cuando nos enfrentamos a una situación estresante.

➤ Cuando Dios está de nuestro lado, no hay manera de perder.

➤ La mejor manera de vencer el estrés es negarnos a presionar el botón de pánico, la confianza de que Dios está con nosotros nos dará la fuerza para permanecer calmados y en paz.

➤ No importa lo que "eso" signifique... ¡Dios *ya se ha hecho cargo de eso!*

¿SABÍA QUE...?

El cortisol, la hormona del estrés, ocasiona que la grasa
abdominal se acumule y agranda las células grasas del individuo, resultando en lo que los investigadores llaman
grasa "mórbida".[3]

MANTENGA
LA CALMA
Y
HAGA UN
INTERCAMBIO

CAPÍTULO 4

Me gustaría cambiar esto

"No es lo mucho que tenemos, sino lo mucho que disfrutamos, lo que hace la felicidad".

—Charles Spurgeon

Linda entró vacilante por la puerta, justo antes del anochecer, exhausta después de un largo día de trabajo. Con las compras en una mano, el bolso y la computadora en la otra, exhaló con alivio, feliz de que la jornada laboral finalmente hubiera terminado. Sus dos hijos, David y Aaron, dejaron a un lado sus juegos de video por unos segundos para decir: "Hola mamá, ¿qué hay de cenar?".

Su esposo Will, que regresaba de cortar el césped, llegó justo a tiempo para hacer la misma pregunta. Parecía que aún faltaba un poco de tiempo antes de que Linda pudiera relajarse.

Pero la cena tendría que esperar. Había pasado algo maravilloso en el agitado día de Linda que ella quería mostrarles a Will y a los niños. En su descanso para almorzar, Linda había pasado por su tienda favorita y había comprado una hermosa blusa que usaría en una salida que tenía planeada con sus amigas. La había deseado durante meses, y ese día había estado en oferta, por lo que pudo comprarla. Incluso en oferta, no era una blusa barata, pero era tan hermosa que Linda simplemente no pudo resistirse.

Emocionada, Linda se probó la blusa y salió para mostrársela a su hambrienta familia. Will exclamó:

—¡Guao! ¡Te queda genial, cariño!

Los niños miraron brevemente por encima de su video juego y dijeron al unísono:

—Linda blusa, mamá.

Pero cuando Linda se volteó para que Will viera la parte de atrás, las cosas tomaron un giro negativo.

En tono preocupado, Will le comentó a su esposa:

—Um, cariño, no sé cómo decírtelo, pero la blusa tiene una gran rotura en la parte de atrás.

Linda corrió al baño a mirarse en el espejo, y era cierto, su nueva blusa tenía una rotura en la espalda. No pudo evitarlo. Los eventos estresantes del día finalmente la vencieron, y comenzó a llorar. Nada le había salido bien en el día y su blusa nueva, hermosa y *rota* era la proverbial cereza sobre el pastel.

Will entró al baño y le dio un abrazo reconfortante a su esposa.

—No te preocupes, cariño —le dijo—. Puedes regresar a la tienda mañana y cambiarla por una nueva.

Linda, secándose los ojos e intentando componerse, le dio a su esposo una respuesta que lo dejó sorprendido:

—No. No quiero pasar de nuevo por todo eso. Me quedaré con ella como está. A lo mejor puedo ponerme una chaqueta encima y nadie se dará cuenta de que está rota.

Desconcertado, Will retrocedió y dijo:

—Linda, eso es muy tonto. No tienes por qué usar una blusa rota. Eso no tiene ningún sentido. Solo llevémosla a la tienda y cambiémosla por una nueva.

Pero Linda insistió.

> *Todo hubiese sido diferente si ella hubiera tomado una simple decisión: voy a hacer el cambio.*

—No, estará bien. Me la pondré como está. Si nadie me ve la espalda, nunca sabrán que la blusa está rota.

No la voy a cambiar. Me quedaré con ella y veré como lo resuelvo.

Tres noches después, Linda se puso su blusa rota con tristeza, para ir con sus amigas a cenar. Había esperado esa noche durante semanas, pero en realidad no pudo disfrutar. En vez de hablar, reírse y pasarla bien, pasó la noche incómoda porque sabía que tenía una gran rotura en la parte de atrás de su blusa. Todas las demás la pasaron de lo mejor, disfrutaron la cena y le sacaron el máximo provecho a su reunión de chicas, pero Linda nunca disfrutó, sino que pasó la noche frustrada e incómoda.

Eso pudo haberse evitado fácilmente. Linda pudo haber estado tan feliz como sus amigas esa noche. No tenía que pasar la noche acalorada porque no podía quitarse la chaqueta. No tenía que estar molesta e infeliz. De hecho, pudo haber sido la persona más feliz del lugar, vistiendo una blusa nueva y pasando un tiempo muy necesario de entretenimiento con amigas maravillosas. Todo hubiese sido diferente si ella hubiera tomado una simple decisión: voy a hacer el cambio.

En verdad, no es tan complicado

Si al leer esta historia ficticia de Linda se sintió frustrado, no es el único. Probablemente estaba pensando, (como yo): *Vamos Linda, solo ve a devolver la blusa. No es tan complicado, solo haz el cambio.* Lamentablemente, Linda tiene un problema, pero afortunadamente también tiene la solución. Todo lo que tiene que hacer es poner en marcha la solución y cambiar la blusa por una nueva. (No se preocupe, las cosas se ponen mejores para Linda al final de este capítulo).

> *El estrés es algo que ocurre en nuestras vidas y, muchas veces, sin que sea nuestra culpa.*

Sabe, el estrés es como esa blusa rota. Es algo que ocurre en nuestras vidas y, muchas veces, sin que sea nuestra culpa. Linda no es culpable de la rotura, solo pasó. No siempre generamos las situaciones que nos llenan de estrés, solo pasan. Tenga usted quince, cincuenta y cinco u ochenta y cinco años, tendrá que lidiar con el estrés de forma regular. ¿Y sabe qué? No es fácil. Sea que se trate de un jefe exigente, una factura inesperadamente alta, una mudanza a que se avecina, una avalancha de obligaciones domésticas, un diagnóstico decepcionante, una agenda demasiado apretada o un hijo problemático, el estrés que generan estas y otras situaciones es suficiente para que corramos al baño y nos pongamos a llorar.

Pero la buena noticia es que, como creyentes, no tenemos que quedarnos con el estrés. No tenemos que apegarnos a él ni incorporarlo a nuestra vida diaria. Es decir, no tenemos que ir a una cena con la blusa rota. Podemos cambiar ese estrés por algo mejor. La Palabra de Dios nos enseña que podemos arrojar nuestros problemas sobre Dios (ver 1 P. 5:7) y cambiar las cargas, frustraciones y penas del mundo por el gozo del Señor.

Solo mire estos extractos que hablan de cambio que ocurre en los hijos de Dios:

"No os entristezcáis, porque el gozo de Jehová es vuestra fuerza".

Nehemías 8:10

"A ordenar que a los afligidos de Sión se les dé esplendor en lugar de ceniza, aceite de gozo en lugar de luto, manto de alegría en lugar del espíritu angustiado".

Isaías 61:3

"Por la noche durará el lloro y a la mañana vendrá la alegría".

Salmo 30:5

En realidad, no es tan complicado. Dios quiere hacer un intercambio con nosotros. Por supuesto, el intercambio más importante es el de nuestros pecados por la justicia de Cristo (ver 2 Co. 5:21), pero ese es solo uno de muchos intercambios maravillosos. Dios quiere que le demos todas nuestras preocupaciones, problemas y fracasos. A cambio Él nos dará su paz y su gozo. Y además de eso, Dios nos promete que Él es quien va a protegernos y a cuidarnos.

> Para poder cambiar nuestro estrés por la paz de Dios, es importante que dejemos de alterarnos por cosas pequeñas sobre las que no tenemos control.

Para poder cambiar nuestro estrés por la paz de Dios, es importante que dejemos de alterarnos por cosas pequeñas sobre las que no tenemos control. Muchos quieren que Dios cuide de ellos, pero insisten en preocuparse, o tratan de solucionar las cosas por sí mismos, en vez de esperar por la guía de Dios. Muchos de nosotros nos preguntamos por qué Dios no nos da paz, pero la verdad es que Él ya no las ha dado, con la instrucción de no permitir que seamos agitados o alterados (ver Jn. 14:27).

¡Qué intercambio tan extraordinario! Le damos a Dios nuestro estrés, ¡y Él nos da su paz! Le damos todas nuestras preocupaciones, y Él nos da protección, estabilidad y gozo. Ese es el privilegio de ser cuidados por Él. Porque el cuida de nosotros y quiere que vivamos jubilosos. Dios quiere hacer este intercambio todos los días, porque nos ama y tiene un plan maravilloso para nuestras vidas.

¿Cuál es su caso?

Al inicio de este capítulo, usted y yo nos sentimos un poco frustrados con Linda. ¿Por qué razón escogería salir con una blusa rota? ¿Por qué simplemente no la cambió? Bien, me gustaría tomar unos instantes para hacer esto un poco más personal. ¿Es posible que usted sea más similar a Linda de lo que cree? Quizás no haya salido con una blusa rota, pero está permitiendo que el estrés y las presiones del mundo destruyan su paz, roben su gozo o arruinen su felicidad. Todo el tiempo conozco personas que no viven con todo el potencial que Dios ha puesto en ellos, pero no se dan cuenta. Se han aferrado al estrés por tanto tiempo, que no pueden ver el daño que le ha hecho a sus vidas. No quiero que eso le pase a usted, así que permítame compartir tres preguntas que se puede hacer usted mismo y algunas formas específicas de hacer un intercambio con Dios el día de hoy. Tome unos minutos para considerar esto. Usted está:

1. ¿Estresado o descansado?

   Parece que hay mucha gente subyugada, estresada, agotada y desgastada por las exigencias de la vida. Pero la verdad es que no tenemos que vivir así. En Cristo, es posible encontrar el descanso divino y aliviarnos de las exigencias del estrés y las preocupaciones.

   La verdad es que todos nos desgastamos. Absolutamente nadie se libra de sentirse sobrecargado a veces. Si usted piensa que es solo su vida la que está sobrecargada, le aseguro que no mejoraría si

> En Cristo, es posible encontrar el descanso divino y aliviarnos de las exigencias del estrés y las preocupaciones.

usted tuviera la vida de cualquier otra persona. No es la vida lo que nos cansa, es la manera en que nos conducimos en ella. Nuestras actitudes y nuestra mentalidad nos hacen estresarnos más que las propias circunstancias.

En Mateo 11:28-29, Jesús dijo: "Venid a mí todos los que estáis trabajados y cargados, y yo os haré descansar. Llevad mi yugo sobre vosotros y aprended de mí, que soy manso y humilde de corazón, y hallaréis descanso para vuestras almas". El descanso del que habla Jesús es un descanso interno de nuestra mente, voluntad, y emociones. ¡Es un descanso al que podemos acceder en medio de las situaciones más estresantes!

Para estar descansados en vez de sobrecargados y estresados, lo primero que debemos hacer es simplemente acudir a Dios. Eso es algo que podemos hacer a diario. En vez de enfrentar el día con nuestras propias fuerzas, podemos acudir a Él cada mañana y decirle: "Señor, hoy dependo de ti. Ayúdame a tener gozo y paz, independientemente de las situaciones que me rodeen". El siguiente paso es llevar su yugo. Esto significa que ante cualquier tarea que deba realizar, le pida a Dios que lo ayude y le dé de su fuerza. Juntos, usted y Dios, pueden enfrentar lo que sea.

Veámoslo desde el punto de vista práctico:

☐ Si se siente cansado y desgastado luego de un inconveniente con un compañero de trabajo, haga un intercambio. Simplemente ore y diga: "Señor, te cambio mi estrés por tu descanso. Pongo esta situación en tus manos y te pido que obres todas las cosas para mi bien".

☐ Si se siente cansado y desgastado por un hijo que pone a prueba su paciencia, haga un intercambio. En vez de enojarse y salirse de sus casillas, pídale a Dios que le dé sabiduría. Cambie su frustración por la dirección de Dios y confíe en que Él proveerá una salida.

☐ Si se siente cansado y desgastado porque ha invertido mucha energía tratando de cambiar a su cónyuge (y no está funcionando), haga un intercambio. En vez de pedirle a Dios que cambie a su cónyuge, pídale que lo cambie a *usted*. ¡Se sorprenderá de la diferencia que eso puede hacer!

Sea cual sea la situación que lo llene de estrés, escoja confiar en Dios y buscar el descanso interior. Cuando la presión aumenta y los ánimos se empiezan a caldear, pídale a Dios la paz interna que sobrepasa todo entendimiento, para que pueda vivir una vida en calma, estable y apacible.

2. ¿Un ser preocupado o un adorador agradecido?

La preocupación y la adoración son opuestos exactos. Todos seríamos más felices si pasáramos más tiempo adorando a Dios, agradeciéndole por nuestras bendiciones, y menos tiempo preocupándonos por nuestros problemas. La preocupación le abre la puerta al estrés, pero vivir con una actitud de adoración nos lleva a la presencia de Dios. Uno de los secretos para vivir una vida llena de gozo es apartar los ojos de las circunstancias que nos rodean y fijarlos en el Señor.

A veces, cuando atravesamos una situación difícil, el estrés y la frustración tratan de evitar que adoremos a Dios. Es tan fácil preocuparse tanto con los problemas, que nos olvidamos de las promesas de Dios. Pero cuando sabemos que Dios se preocupa por nuestros mejores intereses, podemos adorarlo sin importar las circunstancias. Recuerde: Dios es bueno aunque nuestras circunstancias no lo sean. Podemos adorar a Dios, independiente de la situación por la que estemos atravesando, porque Dios ha prometido nunca dejarnos ni abandonarnos (ver Dt. 31:6). No tenemos que dejarnos llevar por la preocupación o la desesperanza, podemos adorar a Dios, sabiendo que Él nos ayudará a vencer.

Así que deje todas las preocupaciones a un lado. Déselas a Dios y adórelo todos los días. Hágale saber que usted lo ama y que agradece todo lo que hace por usted. No malgaste otro día de su vida preocupándose. Determine cuáles son sus responsabilidades, y cuáles no. No trate de hacerse cargo de las responsabilidades de Dios. Cuando hacemos lo que podemos hacer, Dios acude y hace lo que nosotros no podemos hacer. Así que entréguese usted y entréguele sus preocupaciones a Dios y comience a disfrutar de la vida abundante que Él planeó para usted.

Veámoslo desde el punto de vista práctico:

☐ Si usted está preocupado por algo que está pasando en su familia, haga un intercambio. En vez de preocuparse una y otra vez por el mismo problema, tómese unos minutos para adorar y agradecer a Dios por su bondad. Recuerde algunos de los problemas que Él le solucionó en el pasado y confíe en que lo hará de nuevo.

☐ Si está preocupado porque escuchó que alguien dijo algo de usted, haga un intercambio. En vez de preocuparse y llamar a todo el que se le ocurra para defenderse, adore a Dios por ser su defensor (ver Sal. 59:9). Alábelo por ser lo suficientemente fuerte y lo suficientemente diligente para protegerlo de las acusaciones de otros.

☐ Si le preocupa perder su trabajo, o no obtener ese ascenso, haga un intercambio. No se concentre en lo que puede salir mal, en cambio, adore a Dios por lo que está marchando bien. Tómese unos minutos para celebrar porque Él es su proveedor (ver Fil. 4:19) y va a proveer todo lo que usted necesita el día de hoy y los días por venir.

No permita que la preocupación arruine su vida. Si usted dedica tiempo diariamente a concentrarse en Dios, su amor y bondad, su vida será una vida de adoración. Quienes adoran están llenos de gozo porque saben que su Dios es poderoso y capaz de cumplir sus promesas en sus vidas.

3. ¿Frenético o feliz?

Lily Tomlin dijo una vez: "Para aliviarte rápidamente, intenta bajar el ritmo".[1] Me gusta esa cita porque hay mucha gente que ha llenado sus agendas con tantas cosas por hacer que están estresados y desgastados por la vida. Un factor importante para disfrutar una vida pacífica y jubilosa es aprender a obedecer al Señor. Seguir al Espíritu Santo siempre nos traerá paz. Nunca nos traerá estrés, porque Él es el Príncipe de paz. El sentido común nos dice que Dios no nos va a llenar de estrés ni nos

> ¿A qué ritmo se mueve usted? ¿Mantiene el ritmo que Dios determinó para usted, o el ritmo de alguien más?

llevará a hacer más de lo que podemos; sin embargo, siempre nos hacemos esto a nosotros mismos.

Es muy importante no comprometernos en exceso. ¿Tiene demasiadas cosas que hacer? Esta parece ser una de las quejas más comunes de nuestros días. La gente dice: "hay demasiadas cosas que hacer y no hay suficiente tiempo para hacerlas todas". (¿Le parece conocido?). He descubierto que esto es consecuencia de no decir que no con la frecuencia debida. A veces decimos que sí y nos comprometemos a hacer algo que en realidad no queremos hacer, o que no necesitamos hacer. Lo aceptamos solo para hacer feliz a otra persona. Debemos tener mucho cuidado con esto y asegurarnos de que nuestros labios no estén diciendo que sí, cuando nuestro corazón está diciendo que no.

Así que permítame hacerle algunas preguntas más sobre el aspecto "frenético o feliz". ¿A qué ritmo se mueve usted? ¿Mantiene el ritmo que Dios determinó para usted, o el ritmo de alguien más? ¿Se siente estresado por tratar de estar al día con todos? ¿Vive bajo el estrés de la competencia y la comparación? ¿Es usted un perfeccionista con metas poco realistas?

Creo que podemos ser felices en medio de un mundo frenético, pero debemos tomar algunas decisiones, probablemente decisiones radicales. Permita que el Espíritu de Dios lo saque de un estilo de vida estresante y lo lleve a uno de paz y gozo. Respete su cuerpo. Que la buena salud y el bienestar sean obsequios de gran valor. No malgaste la energía que Dios le dio tratando de hacer demasiadas cosas. Utilice su energía para disfrutar de las cosas importantes que Dios puso en su vida, y aprenda a dejar pasar algunas de las otras cosas.

Veámoslo desde el punto de vista práctico:

☐ Si está sobrecargado con una cantidad excesiva de compromisos diarios, haga un intercambio. Revise su agenda y pídale a Dios que le muestre que tareas debe abandonar. Puede que no sea fácil, pero decida poner su energía solo en aquellas actividades que le traen paz, en vez de robársela.

☐ Si se encuentra sobrecargado por una rutina mañanera frenética y apresurada, haga un intercambio. Decida priorizar para hacer sus mañanas más productivas. En vez de quedarse despierta hasta tarde el día anterior, váyase a la cama temprano. En vez de dormir en exceso, levántese unos minutos antes para pasar tiempo con el Señor. Le sorprenderá la diferencia que puede hacer una rutina más disciplinada.

☐ Si está sobrecargado porque se está comparando con alguien más, y tratando de hacer todas las cosas que ellos hacen, haga un intercambio. En vez de vivir la vida de ellos, decida vivir su propia vida. Pídale a Dios que lo ayude a vencer la tentación de compararse con los demás y decida sentirse contento y feliz con lo que Él ha determinado que usted sea.

Es increíble como la practicidad de su rutina diaria puede aumentar o disminuir los niveles de estrés en nuestra vida. No permita que las ansiedades y presiones de la vida lo hagan correr por todos lados, sin nunca permitirle tomar un momento para disfrutar de la vida que Dios le ha dado.

De vuelta con Linda y su blusa rota

Para finalizar el capítulo, regresemos con la desdichada Linda. Aunque es un personaje de ficción, creo que necesitamos resolver su historia, porque ella nos representa a muchos de nosotros, quienes necesitamos hacer un cambio pero nos rehusamos a hacerlo. Rehagamos la historia para que Linda pueda pasarla bien con sus amigas en la cena.

Recuerda el escenario, ¿verdad? Linda llegaba a casa luego de un día lleno de estrés. Sus hijos, David y Aaron, están jugando juegos de video, pero pensando en la cena. Su esposo, Will, acaba de llegar de cortar el césped. Y aunque está exhausta, Linda siente emoción de mostrarle a su familia la nueva blusa que se compró en la hora del almuerzo, porque quiere ponérsela para la reunión que tendrá con sus amigas en unos días...

Emocionada, Linda se probó la blusa y salió para mostrársela a su hambrienta familia. Will exclamó:

—¡Guao! ¡Te queda genial, cariño!

Los niños miraron brevemente por encima de su video juego y dijeron al unísono:

—Linda blusa, mamá.

Pero cuando Linda se volteó para que Will viera la parte de atrás, las cosas tomaron un giro negativo.

En tono preocupado, Will le comentó a su esposa:

—Um, cariño, no sé cómo decírtelo, pero la blusa tiene una gran rotura en la parte de atrás.

Linda corrió al baño a mirarse en el espejo, y era cierto, su nueva blusa tenía una rotura en la espalda. No pudo evitarlo. Los eventos estresantes del día finalmente la vencieron, y comenzó a llorar. Nada le había salido bien en el día y su blusa nueva, hermosa y rota era la proverbial cereza sobre el pastel.

Will *entró al baño y le dio un abrazo reconfortante a su esposa.*

—No te preocupes, cariño —le dijo. *Puedes regresar a la tienda mañana y cambiarla por una nueva.*

Linda, secándose los ojos e intentando componerse, respondió:

—Tienes razón, Will. *Estoy un poco decepcionada y avasallada por los acontecimientos del día. Pero mañana iré a cambiar esta blusa por una nueva, porque realmente me gusta.*

Al día siguiente, a la hora del almuerzo, Linda llevó la blusa rota a la tienda por departamentos donde la había comprado. La vendedora se deshizo en disculpas y rápidamente se la cambió por otra igual, pero en perfecto estado. Aunque Linda había comprado la blusa en oferta, la vendedora le hizo un descuento adicional de 15 por ciento, a modo de compensación. Linda se la probó otra vez esa noche, y a su esposo e hijos les encantó como le quedaba.

Tres noches después, Linda se puso contenta su blusa nueva para ir con sus amigas a cenar. Todas comentaron lo adorable que se veía, y pasó una velada maravillosa riendo y hablando durante la cena. Incluso contó la historia de la blusa rota, los niños hambrientos, el esposo comprensivo y el cambio conveniente. Fue una salida excelente con amigas, que tuvo un final feliz, todo porque Linda tomó una simple decisión, una decisión que usted y yo podemos hacer todos los días: ¡ella decidió hacer el cambio!

Para recordar

➤ No siempre ocasionamos las situaciones que nos estresan. A veces solo pasan.

➤ No tenemos que aferrarnos al estrés. Podemos cambiarlo por la paz y el gozo del Señor.

➤ Dios quiere darnos belleza por cenizas, el aceite del gozo por el duelo, la prenda de la alabanza por el espíritu de pesadumbre (ver Is. 61:3).

➤ No importa lo estresantes que puedan parecer los problemas externos, podemos tener paz y descanso en nuestro interior.

➤ Si estamos llenos de preocupación, el secreto es adorar. No podemos ser adoradores y seres preocupados al mismo tiempo.

➤ No permita que su horario lo controle; tome control de su horario y pídale Dios que le dé la sabiduría para hacer solo las cosas que Él quiere que usted haga.

MANTENGA LA CALMA

Y

HAGA SU PARTE

FORMAS SIMPLES DE DESESTRESARSE:

✓ Dé un paseo
✓ Deje el teléfono a un lado
✓ Vea una película divertida
✓ Recorte la cafeína
✓ Escriba lo que le preocupa...luego bote el papel
✓ Comparta con un amigo cercano
✓ Disfrute de un nuevo pasatiempo
✓ Haga un poco de ejercicio
✓ Planee las cosas con antelación para evitar el apuro
✓ Realice un acto de bondad aleatorio
✓ Lea un buen libro

CAPÍTULO 5

Las decisiones que tome y los pasos que dé

"La paz es un viaje de mil millas y se debe dar un paso a la vez".

—Lyndon B. Johnson

Cuando usted se levantó esta mañana, probablemente tomó algunas decisiones. Decidió cuántas veces presionar el botón de "posponer" de su despertador. Decidió qué ropa se iba a poner. Decidió cuántas tazas de café tomarse. Pero hubo otras decisiones que no pudo tomar (aunque apuesto a que hubiese querido poder hacerlo) permítame mostrarle de lo que hablo...

Cuándo se levantó esta mañana, ¿pudo escoger cómo estaría el clima hoy?

¿Decidió lo ligero o pesado que estaría el tráfico en su camino al trabajo, o cuando conducía por la ciudad haciendo diligencias?

¿Pudo dar su opinión sobre cuáles titulares debían aparecer en el cintillo de su televisor, o lo que podía aparecer en las noticias de *Twitter*? ¿Y sobre el estado de ánimo de su cónyuge, o sus compañeros de trabajo? ¿Pudo elegir en qué estado de ánimo estarían cuando se reunieran para almorzar?

> Quizás no podamos escoger lo que pasa en nuestro entorno, pero ciertamente podemos elegir como responder ante él.

Creo que son preguntas un poco tontas. Ni usted ni yo podemos tomar ese tipo de decisiones. Si lo hiciéramos, la temperatura sería unos pocos grados más cálida, el tráfico sería ciertamente mucho más suave, las noticias estarían llenas de historias positivas y agradables, y nuestros cónyuges y amigos siempre estarían en un estado de ánimo fantástico. Suena maravilloso, ¿no es así?

La verdad es que no podemos tomar todas esas decisiones externas, pero eso no significa que somos víctimas de nuestras circunstancias. Quizás no podamos escoger lo que pasa en nuestro entorno, pero ciertamente podemos elegir como responder ante él. Y las decisiones que tomamos a diario determinan ampliamente la clase de vida que vamos a vivir. Podemos tomar decisiones y hacer lo necesario para cambiar nuestra manera de ver las circunstancias y responder ante ellas.

Piénselo de esta manera:

- Si está lloviendo, puede ponerse a hacer los deberes domésticos que necesitaba hacer, pero que había estado posponiendo.
- Si el tráfico en su ruta normal es pesado, puede escoger una ruta alterna para ahorrar tiempo.
- Cuando las noticias sean negativas y depresivas, podemos buscar otros medios que reporten historias más positivas.
- Si su amigo está en un estado de ánimo terrible, usted puede animar a su amigo en vez de permitir que el estado de ánimo de él lo afecte a usted.

Estos son algunos ejemplos que ilustran un punto más grande: aunque no podemos controlar todas las situaciones que enfrentamos, podemos controlar la manera en que la enfrentamos. Podemos hacer lo necesario para determinar el tipo de vida que vamos a vivir. Ralph Waldo Emerson lo dijo así: "Nada fuera de usted tiene poder sobre usted".[1]

Muchas de las personas cuyas vidas están sobrecargadas de estrés, presión y ansiedad, se sienten como víctimas. Asumen erróneamente que todo es culpa de los demás y que muy poco,

> *Aunque no podemos controlar todas las situaciones que enfrentamos, podemos controlar la manera en que la enfrentamos.*

por no decir nada, pueden hacer al respecto. *Su trabajo es demasiado estresante. Sus amigos son incomprensivos. Sus hijos son demasiado exigentes. Su pasado es muy difícil de superar. Su cónyuge es descuidado.* La lista sigue y sigue. ¿Pero puede ver que tienen en común? Los individuos sobrecargados y estresados se enfocan en las circunstancias que los rodean, en vez de en lo que deben hacer dar para hacerles frente.

Me gustaría animarlo el día de hoy. Si se siente sobrecargado y preocupado en la vida, puede hacer lo necesario para cambiar su perspectiva y superar su situación. Usted no es una víctima. No importa por lo que haya pasado, no tiene por qué entregarse al dolor del pasado o las presiones del presente. Usted puede decidir dar los pasos para vivir una vida nueva en Cristo, llena de paz y gozo.

Haga lo que pueda hacer y Dios hará lo que usted no pueda hacer

Comenzamos este libro hablando de la importancia de confiar en Dios para librarnos de una vida sobrecargada. Vimos lo vital que es dejar que Dios tenga el control, y le animé a recordar que Dios trabaja incansablemente en su nombre. Es un gran alivio saber que Dios siempre hará su parte.

Pero, ¿sabe qué? ¡También tenemos un papel que jugar! ¿No es emocionante? Todos tenemos una asignación de parte de Dios y Él siempre nos da la gracia (el favor y el poder inmerecidos) que necesitamos para hacer nuestra parte.

Confiar en Dios y esperar en Él, no es una actividad pasiva. Siempre podemos hacer algo...incluso cuando estamos esperando en Dios. Específicamente, siempre hay algo que podemos hacer para combatir el estrés (en breve le daré algunas recomendaciones específicas). Si hacemos lo que podemos hacer, Dios hará lo que no podemos hacer. Debemos hacer nuestra parte y rechazar cualquier preocupación o ansiedad y Dios intervendrá de formas que nos sorprenderán.

Yo estudio diligentemente antes de dar mis sermones, y cuando me paro frente al público para presentar el material, con frecuencia me escucho diciendo cosas que ni siquiera sabía que sabía. ¿Qué pasó? Yo hice mi parte y Dios intervino de forma sobrenatural con algunas cosas, para hacer que el mensaje fuera aún mejor. Si yo hubiera sido perezosa o pasiva y hubiera pensado que no necesitaba prepararme, esas cosas sobrenaturales no hubiesen ocurrido.

Así que mucha gente no hace *nada* porque no saben *todo* lo que deben hacer, pero no necesitamos entender todo a la perfección para decidir actuar. Más bien debemos decidir si estaremos activos o inactivos. No debemos preocuparnos sobre la parte que no sabemos hacer, solo debemos hacer la parte que sí sabemos. Nuestras acciones llenas de fe son semillas que sembramos. Siembre sus semillas en fe y Dios traerá una cosecha en el momento correcto.

No es necesario que estemos preparados para hacer todo el trabajo, solo debemos prepararnos para hacerlo lo mejor posible y recordar que Dios siempre agregará lo que no tenemos. Así que permítame decirlo una vez más: si hacemos lo que podemos hacer, Dios hará lo que no podemos hacer. Por ejemplo, si necesitamos trabajo, podemos ir a buscarlo. Eso es algo que nosotros podemos hacer, y si lo hacemos, Dios nos ayudará a obtener el empleo correcto. No podemos hacer que una compañía nos contrate, pero Dios puede cambiar el corazón del rey (la persona responsable) de la misma manera que cambia el curso del agua que fluye en los ríos (Pr. 21:1). ¡Dios nos dará su favor!

Un pequeño entregó su almuerzo y Jesús le agregó su poder y alimentó a miles de personas (ver Jn. 6:9). El pequeño no tenía suficiente alimento para toda la multitud, pero hizo lo que podía y Jesús hizo el resto.

Todos los pasos son importantes, pero...

La Biblia es un libro lleno de acción. Existen muchas historias que narran los actos milagrosos de Dios a favor de su pueblo, y muchas promesas de su intervención divina en nuestras vidas. Sin embargo, también hay muchas historias de personas comunes y corrientes como usted y yo "dando los pasos (física y espiritualmente) para buscar lo mejor que Dios tiene para sus vidas".

Para darle un ejemplo, le recuerdo sobre los israelitas que marcharon alrededor de la ciudad de Jericó una vez al día durante seis días, y siete veces durante el séptimo día (ver Jos. 6). Estos seguidores obedientes de Josué tuvieron que dar muchos "pasos" antes de que Dios les diera una victoria milagrosa y espectacular.

O piense en la mujer de Lucas, capítulo 8, que había estado enferma y había sangrado por doce años. Quizás se acuerde de esa historia. Aunque las leyes religiosas de su época la catalogaban de "impura", ella no permitió que eso le impidiera actuar. Se movió entre la multitud, dejando atrás a cualquier persona que se interpusiera entre ella y Jesús. Ella avanzó hasta el Señor para poder tocar sus ropas y recibir un milagro.

> Cada paso que demos es importante, pero quizá el paso más importante es el primero.

Recuerde también a los hombres de Capernaúm que llevaron a su amigo paralizado hasta Jesús (ver Mr. 2). Estos hombres tenían una fe y determinación increíbles. Aunque la casa donde el Señor estaba predicando se encontraba totalmente llena, ellos no se dieron por vencidos. Estos amigos devotos se subieron al techo y descendieron a su amigo al interior de la casa para que Jesús lo sanara.

Ese es un gran ejemplo de total determinación y de cómo dar los pasos para avanzar.

Quiero que observe otra historia que creo le ayudará a comenzar hoy su lucha para vencer al estrés. Sabe, cada paso que demos es importante, pero quizá el paso más importante es el primero. Porque si podemos dar el primer paso, tendremos la confianza de saber que podemos dar un segundo paso…y luego un tercero…y luego un cuarto…y así sucesivamente. Antes de darnos cuenta, habremos marchado junto a Dios mucho más tiempo del que jamás creímos posible.

Mateo capítulo 14 nos cuenta la conocida historia de cuando los discípulos de Jesús quedaron atrapados en una terrible tormenta. En los capítulos 24 y 25, se nos narra cómo pasaron la noche luchando por sus vidas en el mar de Galilea, mientras la tormenta arreciaba a su alrededor. (¡Hablando de situaciones estresantes!) Pero aunque los discípulos pensaron que estaban solos, no era así. La Biblia nos dice que en medio de la noche (entre las tres y las seis de la mañana), Jesús vino hacia ellos caminando sobre el agua. Por supuesto, los discípulos estaban aterrados. No solo habían estado luchando contra esta tormenta toda la noche, sino que ahora pensaban que estaba viendo un fantasma (¡Y el estrés sigue creciendo!).

Mientras que los otros discípulos entraban en pánico, Pedro dijo algo impresionante en el capítulo 28. Él le grito a Jesús: "Señor, si eres tú, ordena que camine yo sobre las aguas". Usted conoce la historia. Jesús simplemente le respondió a Pedro: "¡Ven!". Es decir, Jesús le dijo: "Yo haré mi parte, pero también quiero que hagas la tuya. Tienes que escoger. ¿Te quedarás sentado con temor o actuarás con fe? ¡Sal del bote!". Y allí fue cuando ocurrió…

¡Pedro dio un paso!

¿Se imagina lo difícil que debe hacer sido dar ese primer paso? ¿Del bote al agua? ¿De lo conocido a lo desconocido?

> *Aunque la fe de Pedro flaqueó, aún fue más grande que la de los demás discípulos que nunca abandonaron el bote.*

Pedro estaba dando un paso de fe, sin importar las circunstancias a su alrededor. Me imagino que tenía dudas. Una parte de él debió decirle: *¡Esto es una locura total!* Pero Pedro decidió no quedarse en la pasividad, sino dar un paso valientemente.

Por supuesto, el paseo de Pedro con Jesús sobre el agua no duró mucho. Al principio logró hacerlo, pero luego el viento y las olas lo distrajeron y desvió su mirada del Señor. Cuando empezaba a hundirse, gritó pidiendo ayuda y Jesús lo rescató antes de calmar la tormenta. Pero aunque la fe de Pedro flaqueó, aún fue más grande que la de los demás discípulos que nunca abandonaron el bote, lo que nos enseña una gran lección el día de hoy: aunque nuestra fe falle, Jesús nos rescata. Si damos los pasos que Él nos pide dar, siempre nos ayudará a alcanzar nuestro destino.

Quizás mientras usted lee esto, siente que está atravesando por una tormenta en su vida. Quizás sabe lo que es sentirse asustado e inseguro de como las cosas resultarán. Y quizás entienda lo fácil que es no hacer nada por causa del miedo que le produce dar ese primer paso.

Si ese es el caso, quiero recordarle que mientras se concentre en la tormenta en vez de las promesas de Dios para su vida, siempre se sentirá frustrado, temeroso y lleno de estrés. Pero Dios tiene una vida mejor para usted. Y si usted desea vivir su vida abundante, confiada y llena de gozo que Él le brinda, es momento de entender que tiene una parte que cumplir. Podemos sentarnos pasivamente con temor, pero también podemos actuar con fe y dar ese primer paso. Puede que no estemos seguros de cuál será el resultado. Puede que no sepamos cuál será el siguiente paso. Pero si hacemos nuestra parte, podemos estar seguros de algo: Dios promete que Él hará su parte en nuestras vidas.

Puede que sea algo como esto

Todo proceso tiene un comienzo, un desarrollo y un final. Y cada una de esas etapas es importante. Si vamos a disfrutar realmente la vida que Jesús pagó con su muerte, es necesario que conozcamos la importancia que tiene iniciar bien (comienzo), ser consistentes (desarrollo) y culminar lo que se ha iniciado (final). Ninguno de nosotros es perfecto, y todos cometemos errores de vez en cuando, pero mientras más estudiemos la Palabra y más nos acerquemos a Dios, más aprenderemos a estar balanceados en cada una de estas áreas.

Pero para los fines que abarca este capítulo, me gustaría

darle algunas recomendaciones prácticas para tener un gran comienzo y dar una gran y enorme paso contra el estrés el día de hoy. No importa cuán intimidantes sean las circunstancias, ni cuán agitada pueda parecer nuestra vida, hoy podemos hacer nuestra parte para revertir una vida sobrecargada y recibir las promesas de Dios para nosotros y nuestra familia. He aquí algunas maneras de hacerlo:

Los primeros pasos para vencer el estrés:

1. Si sus finanzas son una fuente constante de estrés en su vida, decida comenzar a manejar un presupuesto (o reevaluar su presupuesto actual). ¿Qué medidas prácticas puede tomar para solucionar el problema? Corte algún gasto que represente un lujo. Busque alguna otra fuente de ingresos. Pídale a alguien que sepa de finanzas que revise su presupuesto y le dé algunos consejos.

2. Si hay alguien que incremente sus niveles de estrés hiriendo sus sentimientos constantemente, haga algo bueno por esa persona: envíele una nota amable, regálele el almuerzo, dígale algo que agradezca de ella, o comience a orar regularmente. Haciendo estas cosas pequeñas, está dando pasos de fe y obedeciendo el mandamiento divino de amar a sus enemigos.

3. Si algún problema de salud persistente está disparando sus niveles de estrés y lo está desgastando, comience una rutina de ejercicios. No más excusas. Aparte tiempo todos los días para ejercitarse y cuidar su cuerpo. En vez de dar excusas, haga un plan…y sígalo. Quizás piense que simplemente no tiene tiempo para ejercitarse. Se siente demasiado mal, o

está demasiado cansada. Pero con frecuencia descubro que cuando avanzo y comienzo a hacer ejercicios, me empiezo a sentir mejor. El ejercicio requiere energía, ¡pero devuelve más energía de la que requiere!

4. Si las exigencias del trabajo lo avasallan y lo hacen sentir sobrecargado, haga algo al respecto. Delegue algunas tareas, reevalúe sus técnicas, o hable con su jefe (es posible que su jefe ni siquiera se haya dado cuenta de lo mucho que usted está haciendo, ni de cómo eso afecta su vida personal). En vez de quejarse de lo sobrecargado que está, busque maneras de ser más eficiente y aprovechar cada día al máximo.

5. Si está decepcionado porque su iglesia no ha reconocido sus dones y todo lo que tiene que ofrecer, comience un trabajo voluntario en algún ministerio que le interese. Es posible que ni siquiera sepan cuáles son sus dones o que le apasiona. En vez de sentarse a espera que alguien se le acerque, de un paso y empiece a servir con la mejor actitud.

6. Si tiene un gran proyecto y eso le causa ansiedad porque no sabe por dónde empezar, haga un plan. Escriba algunas metas diarias que con el paso del tiempo lo pueden llevar al éxito…y trabaje a diario para lograr esas metas. No trate de hacer todo de una vez. Haga algo cada día hasta que alcance su meta final.

7. Si constantemente se siente amenazado a estresado y no puede identificar la razón exacta, comience a hacer algunas confesiones bíblicas diariamente. En vez de levantarse diariamente hablando de lo malas que están las cosas, comience cada día declarando la Palabra de Dios y sus promesas para su vida. "¡Soy

más que vencedor!" (Ro. 8:37) "¡Dios satisfará todas mis necesidades!" (Mt. 6:26) "¡Todo lo puedo en Cristo que me fortalece!" (Flp. 4:13).

Estos son solo algunos ejemplos pero, como puede ver, hay muchas formas de dar un paso de fe para vivir la vida que Jesús pagó con su muerte. Dios va a hacer su parte, pero Él también quiere que nosotros hagamos nuestra parte. Es posible que no tengamos todas las respuestas y que no siempre lo hagamos bien, pero si decidimos dar un paso, Dios nos acompañará a lo largo del camino. Recuerde, no tenemos que vivir una vida sobrecargada de estrés y frustración. En cambio, podemos vivir una vida feliz, apacible, y en victoria. Depende de los pasos que vayamos a dar. La elección es nuestra y debemos decidir.

Para recordar

➤ No podemos escoger lo que ocurre a nuestro alrededor, pero sí podemos escoger cómo responder ante él.

➤ Las decisiones que tomemos y los pasos que demos diariamente determinan el tipo de vida que vamos a vivir.

➤ Si hacemos lo que podemos hacer, Dios hará lo que no podemos hacer.

➤ Cuándo damos un paso por Dios aunque nuestra fe falle, Él no nos dejará hundirnos.

➤ No importa lo intimidante que parezcan las circunstancias o lo agitada que sea nuestra vida, podemos hacer nuestra parte hoy para rechazar una vida sobrecargada y recibir las promesas de Dios para nosotros y nuestra familia.

¿Sabía que...?

El estrés puede empeorar el acné. Los investigadores afirman que la culpa es de las inflamaciones relacionadas con el estrés y no de un aumento en el nivel de sebo (la sustancia oleosa).[2]

MANTENGA
LA CALMA
Y
RECUERDE LA
BONDAD DE DIOS

CAPÍTULO 6
¿Se olvidó de algo?

"Lo que importa no es la situación, sino si respondemos de forma positiva o negativa ante ella".
—Zig Ziglar

¿Puedo contarle algo sobre mí que nadie más sabe? No me gustan los ruidos. En verdad, ¡algunos ruidos me pueden estresar totalmente! Si hay un chirrido molesto en el carro, o si mi refrigerador traquetea cuando se arranca el motor, de verdad me molesta. Mi primera reacción es *hay que mandar a reparar eso... ¡ahora!* ¿Entiende lo que digo? ¿Usted también se siente así? Por alguna razón los ruidos molestos y repetitivos me hacen sentir molesta y frustrada.

Bueno, como se podrá imaginar, esto me afecta durante los viajes. Viajo mucho, predicando la Palabra a nivel nacional e internacional, y pareciera que en cada hotel encuentro un nuevo ruido para poner a prueba mi paciencia. A veces es un aire acondicionado que cruje, otras veces un grifo que gotea o un retrete que descarga agua sin parar, y muchas veces son otros huéspedes que hablan demasiado alto en el pasillo en la madrugada. He aprendido a lidiar con estas cosas, pero tienden a molestarme mucho.

Recuerdo una vez en particular en que fue particularmente desagradable. Frente al hotel donde nos estábamos hospedando había un camión increíblemente ruidoso que empezaba a funcionar justo frente a mi ventana a primera hora de la mañana.

No sé qué tipo de camión era, un camión de basura

o quizás un camión de entregas, pero cuando retrocedía hacía ese BEEP, BEEP, BEEP, BEEP tan ruidoso. Normalmente, esto bastaría para ponerme al borde. ¡Era un ruido tan alto! ¿Cómo se suponía que iba a descansar?

Pero algo diferente ocurrió en este viaje en particular. En medio del molesto BEEP, BEEP, BEEP, BEEP qué me despertó, escuché otro sonido. Era mucho más suave, pero lo podía escuchar claramente: los pájaros estaban cantando. El camión no les molestaba; estaban trinando. Recuerdo haber pensado: *Me voy a concentrar en la belleza de esos pájaros cantando, en vez del pitido del camión.*

Suena como algo pequeño, lo sé, pero decidí cambiar mi enfoque de lo que era molesto a lo que era hermoso. Y ¿sabe qué? Eso cambió completamente mi perspectiva de la situación. No me sentí frustrada. No me salí de mis casillas ni pensé: *¿Será que alguien puede hacer que ese camión que se vaya? ¿Por qué siempre me pasan estas cosas?* Pero en cambio, pensé de forma diferente. Pensé: *si todas esas aves pueden sentir gozo en medio de todo ese ruido, ¡creo que yo también!*

Por supuesto, las aves cantarinas no ahogaban el ruido del camión. Aún podía escuchar el clamor fuera de mi ventana. Pero ahora tenía una perspectiva totalmente diferente, porque mi enfoque había variado. En vez de obsesionarme con los ruidos altos y molestos que me rodeaban, escogí concentrarme en los sonidos agradables. Y eso hizo toda la diferencia en el mundo. No pasó mucho antes de que el camión se fuera, y yo sentí que había tenido una enorme victoria con la ayuda de Dios, al evitar sentirme frustrada.

La cura que muchos no pueden ver

Le cuento esta historia porque las cosas en las que se enfoque con frecuencia determinarán sus niveles de estrés. Una de las causas más grandes del estrés es enfocarse en las cosas negativas que pasan a nuestro alrededor y dejar que esas cosas llenen nuestros corazones de frustración, miedo o ansiedad.

Mucha gente se preocupa tanto de lo que está mal que no pueden ver nada más: le entregan toda su atención a su problema. Otras personas también tienen problemas, pero ellos piensan que sus problemas son más graves que los de todos los demás. Se consumen en sus problemas y los convierten en una prioridad en sus vidas. Si el fregadero gotea, su día se arruina. Si el carro comienza a hacer un ruido extraño, entran en pánico. Si su hijo obtiene una mala nota en el colegio, cuestionan cada decisión que han tomado en su rol de padres. ¿Se da cuenta de lo que ocurre? Se están enfocando en lo negativo, y ese enfoque los está llenando de frustración y desesperanza.

Rara vez transcurre un día sin que surja algún tipo de problema. Si me enfoco en todo lo que está mal, terminaré arruinando mi día. Pasé muchos años de mi vida enfocándome en las cosas equivocadas. Muy pocas veces me sentía feliz en esa época; parecía que solo estaba esperando que algo saliera mal para tener una excusa

> Si concentrarse en lo que está mal ocasiona estrés, naturalmente, una cura para el estrés es concentrarse en lo que está bien.

para enojarme. Cuando lo analizo, me sorprende lo acostumbrada que estaba a perder mi gozo por las cosas más insignificantes. Si alguien era grosero por teléfono, si Dave se quedaba hasta muy tarde jugando golf, si el mesero se equivocaba con mi orden, hasta los "problemas" o inconvenientes más pequeños de la vida disparaban mis niveles de estrés.

Afortunadamente, el Señor comenzó a enseñarme como fijar mi atención en las cosas buenas de mi vida. Comencé a darme cuenta de que mientras más tiempo pasaba obsesionándome por las cosas que me hacían infeliz, más poder le daba a esas cosas. Con la ayuda de Dios, empecé a ver que ya no debía permitir que los problemas o inconvenientes diarios determinaran mi felicidad (o infelicidad). Cuando empecé a tomar tiempo cada día para enfocarme en la bondad de Dios y sus bendiciones en mi vida, ¡mis perspectivas cambiaron, mi actitud mejoró y mi gozo aumentó como nunca antes! Esta mañana escribí en mi diario algunas cosas por las que estoy agradecida. He descubierto que si decido buscar las cosas buenas y fijarme en ellas, puedo evitar concentrarme en las cosas negativas.

En realidad, es bastante simple: si concentrarse en lo que está mal ocasiona estrés, naturalmente, una cura para el estrés es concentrarse en lo que está bien. Cuando vemos las cosas positivas que Dios ha puesto en nuestra vida, adquirimos perspectiva, estabilidad, agradecimiento y equilibrio. Y estas cuatro cosas (perspectiva, estabilidad, agradecimiento y equilibrio) son curas para el estrés. Es sabio y saludable aferrarnos a las cosas buenas de nuestra vida, y dejar de lado las negativas y estresantes.

La Palabra de Dios tiene mucho que decir cuando se trata de enfocarse en las cosas positivas en vez de las negativas. He aquí algunos versículos que nos recuerdan que podemos escoger fijar la vista en lo mejor de Dios. El autor del libro de Hebreos escribió:

"**Puestos los ojos en Jesús**, el autor y consumador
de la fe".

Hebreos 12:2 (negritas añadidas)

En su carta a los Colosenses, el apóstol Pablo escribió:

"**Poned la mira en las cosas de arriba (las cosas
más altas)**, no en las de la tierra".

Colosenses 3:2 (negritas añadidas)

Y me gusta particularmente lo que dice Pablo en el
libro de Filipenses:

"Por lo demás, hermanos, todo lo que es verdadero,
todo lo honesto, todo lo justo, todo lo puro, todo
lo amable, todo lo que es de buen nombre; si hay
virtud alguna, si algo digno de alabanza, **en esto
pensad (fije su mente en esto)**".

Filipenses 4:8 (negritas añadidas)

Note que Pablo no dice que
debemos pensar *ocasionalmente* en las cosas buenas, sino
que debemos "fijar nuestra
mente en eso". Esto significa
que todos los días debemos

> En vez de concen-
> trarnos en todo lo que
> está saliendo mal, ¡po-
> demos escoger concen-
> trarnos en todo lo que
> está saliendo bien!

aprovechar la oportunidad de pensar en lo que estamos
pensando. En vez de concentrarnos en todo lo que está
saliendo mal, ¡podemos escoger concentrarnos en todo lo
que está saliendo bien!

Lo que pensamos, las cosas en las que nos concentramos,
afectará nuestra forma de ver la vida. Si decidimos enfocarnos
en la bondad de Dios y sus promesas, que son "verdaderas,
puras, amables, gentiles, llenas de gracia", no sucumbiremos

ante el comportamiento abusivo y las tácticas del estrés. Cuando otras personas están frustradas, desanimadas, y hartas de sus vidas, usted tendrá una actitud totalmente diferente. No importa lo que pase en el transcurso de nuestro día, podremos confiar en Dios y responder de forma diferente a la que está acostumbrado. No entraremos en pánico, ¡estaremos en paz! No estaremos sobrecargados, ¡estaremos más que gozosos! Eso es lo que pasa cuando escogemos concentrarnos en las cosas buenas que Dios ha hecho y está haciendo por nosotros. También tendremos la capacidad de animar a otros que solo vean lo negativo. Cuando Dios nos da su gracia para disfrutar la vida en medio de la dificultad, es importante dejarlo que nos use para orar por y ayudar a aquellos que aún están en atadura.

Para recordar

¿Alguna vez ha olvidado algo? (Sé que yo sí). ¿Quizás olvidó donde puso las llaves del auto? (Sí, me ha pasado). ¿Y el cumpleaños de alguien? ¿Alguna vez se ha olvidado de comprar un obsequio de cumpleaños para un amigo o familiar? (Culpable. También me ha pasado). Alguien me dijo recientemente que su madre una vez la dejó en el supermercado porque olvidó que la había llevado. Su pobre madre ya estaba camino a su casa, cuando de repente dio una vuelta en U a toda velocidad, aterrada, y se devolvió a buscar a su pequeña adolescente enfurecida (Afortunadamente, esto no me ha pasado).

Creo que todos olvidamos cosas. Y todos hemos lidiado con el hecho de que olvidar cosas puede traer consecuencias. ¡Una de las consecuencias es el estrés! Si olvidamos donde dejamos las llaves del carro, nos quedaremos atrapados en casa y nos sentiremos estresados por eso. Si olvidamos el cumpleaños de alguien, corremos el riesgo de herir sus sentimientos, lo cual seguramente añadirá estrés en su vida. Y si olvidamos a nuestra hija adolescente en el supermercado... bueno, ella se asegurará de que usted se sienta estresado por eso, y probablemente tendrá que llevarla de compras para solucionarlo.

Pero hay otras cosas de las cuales nos olvidamos, que nos traen consecuencias más grandes, consecuencias que cambian nuestra vida. Es así para muchos de los cristianos modernos. Muchos cristianos se olvidan de algo extremadamente importante. Y este olvido ocasiona que sus niveles de estrés aumente y sus niveles de gozo disminuyan. Déjeme mostrarle de lo que estoy hablando. Mire lo que David dice en el Salmo 103:1-2:

> "Bendice (con afecto y alabanza agradecida), alma mía, a Jehová, y bendiga todo (lo más profundo) mi ser su santo nombre. Bendice, (con afecto y alabanza agradecida), alma mía, a Jehová, **y no olvides ninguno** de sus beneficios" (negritas añadidas).

¿Leyó bien? Qué consejo tan poderoso para nosotros hoy en día: "No olvides ninguno de sus beneficios". Hay muchas cosas que podemos olvidar a lo largo del día, pero los beneficios y bendiciones de Dios no deben estar incluidos en esa lista. La bondad de Dios es algo que debemos poner en la parte frontal de nuestra mente. Quiero señalar dos cosas sobre este versículo:

1. Como hijos de Dios, ¡tenemos beneficios!
   ¡Eso es algo muy emocionante! El diccionario define *beneficio* como: "Un favor concedido; ventaja, ganancia".[1] ¡Eso es lo que se nos ha dado! Y David no

dice que tenemos un solo beneficio; él usa el plural, *beneficios*. Eso significa que se nos dieron muchos "favores" y "ventajas" como hijos de Dios.

> Los beneficios no son algo que ganamos por impresionar a Dios. Es algo que Él nos da libremente, porque somos sus hijos y a Él le encanta bendecirnos.

Los beneficios no son algo que ganamos por impresionar a Dios. Es algo que Él nos da libremente, porque somos sus hijos y a Él le encanta bendecirnos. Es por eso que Romanos 8:17 dice: "Y si [somos sus] hijos, también [somos sus] herederos; herederos de Dios y coherederos con Cristo [para compartir su herencia con Él]". ¡Hemos heredado los beneficios, las bendiciones y la bondad de Dios!

2. Es necesario hacer un esfuerzo consciente para recordar la bondad de Dios. La razón por la que David nos da este consejo de recordar la bondad de Dios, es porque es fácil de olvidar. Usted quizás crea que no es así, pero sucede todo el tiempo. Nos podemos quedar tan atrapados en las complicaciones del día a día, y distraernos tanto con los problemas que enfrentamos, que simplemente nos olvidamos de todas las cosas buenas que Dios nos ha dado.

Su lista de beneficios

Una de las cosas que me encantan de la Biblia es lo práctica que es para la vida diaria. El Salmo 103 no solo los anima a recordar los beneficios que tenemos como hijos de Dios, sino que también nos da una lista para mostrarnos cuantos beneficios son. Observe algunos de los beneficios que aparecen en el Salmo 103 y, como David, ¡anímese a "alabar con afecto y agradecimiento" a Dios por su bondad en nuestra vida!

- ¡Nuestros pecados son perdonados!
  "Él es quien perdona todas tus iniquidades" (v. 3)
- ¡La sanación nos pertenece!
  "El que sana todas tus dolencias" (v. 3)
- ¡Dios ha redimido nuestra vida! (tenemos una vida nueva en Él)
  "El que rescata del hoyo tu vida" (v. 4)
- ¡Fuimos hechos hermosos, dignos y nobles!
  "El que te corona de favores y misericordias" (v. 4)
- ¡Dios nos ama incondicionalmente!
  "¡Me llenó de amor y de ternura!" (v. 4, TLA)
- ¡Alguien cuida de nosotros y provee para nosotros!
  "El que sacia de bien tu boca" (v. 5)
- ¡Somos fuertes, victoriosos y elevados!
  "Que te rejuvenezcas como el águila (fuerte, victorioso y elevado)" (v. 5)
- ¡Dios es nuestro defensor!
  "Jehová es el que hace justicia y derecho a todos los que padecen violencia" (v. 6)
- ¡Dios no está molesto con nosotros!
  "Misericordioso y clemente es Jehová; lento para la ira y grande en misericordia" (v. 8)
- ¡Cuándo cometemos un error, Dios nos perdona!
  "No ha hecho con nosotros conforme a nuestras maldades, ni nos ha pagado conforme a nuestros pecados" (v. 10)

- ¡Dios nos conoce mejor de lo que nosotros mismos nos conocemos!

  "Porque él conoce nuestra condición" (v. 14)

- No importa lo que pase, Dios nunca dejará de amarnos.

  "Más la misericordia de Jehová es desde la eternidad y hasta la eternidad" (v. 17)

> La próxima vez que sienta que está perdiendo su paz y que su estrés se está incrementando, deténgase por un momento y recuerde los beneficios que ha recibido como hijo de Dios.

¡Y esta lista es solo del primer capítulo! La Biblia está llena de muchas más bendiciones y promesas de Dios para nuestras vidas. Así que la próxima vez que sienta que está perdiendo su paz y que su estrés se está incrementando, deténgase por un momento y recuerde los beneficios que ha recibido como hijo de Dios.

¿Qué es lo que escucha?

No sé qué le pueda estar pasando hoy que le haya podido producir algún nivel de estrés. Quizás esté atravesando una situación grave, como la pérdida de un ser querido, un matrimonio a punto de desmoronarse, una traición personal, o un temor importante relacionado con la salud. O quizás esté lidiando con un problema (o varios problemas) de menor escala. A veces son las pequeñas cosas, como una fecha de entrega, un vecino chismoso, una lavadora dañada, o una oportunidad perdida las que más nos llenan de estrés.

Sea cual sea su problema, permítame animarlo a que aparte su atención del ruidoso camión y escuche el dulce trinar de los pájaros. Sé que las cosas negativas que nos ocurren pueden conmocionarnos, pero si escuchamos con cuidado, notaremos un estribillo mucho más hermoso. La bondad de Dios, su favor, sus bendiciones y provisiones, están por todos lados. Si enfoca su mente y su corazón en las cosas positivas que Él ha hecho por usted, le sorprenderá lo rápido que recuperará la paz y el gozo.

David nos dio una larga lista de beneficios espirituales maravillosos en el Salmo 103, pero también hay otras cosas más sencillas. Dones y talentos que nos han sido dados, familiares que nos aman, ropas para cubrirnos, un techo para protegernos, un empleo que paga las cuentas, amigos que permanecen con nosotros. Cuando las cosas se ponen difíciles y sus niveles de estrés empiezan a aumentar, piense por un momento en las bendiciones simples y a la vez profundas de Dios en su vida. Si recuerda la bondad de Dios, se olvidará del estrés… ¡y eso es algo que nunca lamentará olvidar!

Para recordar

➢ Una de las causas principales del estrés es enfocarnos en las cosas negativas que nos rodean.

➢ Aquello en lo que pensamos –en lo que nos enfocamos- afectará nuestro modo de ver la vida.

➢ Si concentrarse en lo que está mal es una *causa* de estrés, una *cura* para el estrés es concentrarse en lo que está bien.

➢ Cuándo vemos las cosas positivas que Dios ha puesto en nuestras vidas, adquirimos una nueva perspectiva, estabilidad, agradecimiento y equilibro.

➢ El Salmo 103:2 nos exhorta a "no olvidar" los beneficios de Dios y nos da una larga lista de los beneficios que adquirimos por ser sus hijos.

¿Sabía que...?

El estrés hace que la sangre se "espese" en preparación para una herida. Esta reacción, sin embargo, también aumenta la probabilidad de desarrollar un coágulo sanguíneo.[2]

MANTENGA
LA CALMA
Y
SIMPLIFIQUE
SU VIDA

CAPÍTULO 7

Sobrecarga de opciones

"Trop de choix tue le choix"
(Demasiadas opciones matan la elección)
—Proverbio francés

Tener demasiado de algo bueno…en realidad puede ser algo malo. Sé que suena extraño, pero es cierto. Permítale mostrarle. Solo a manera de ejercicio, tómese unos instantes y piense en algunas cosas que sean "buenas" o divertidas en su vida. Ahora dese cuenta de que esas cosas, si se llevan al extremo, se pueden convertir en algo realmente dañino. Se lo demostraré:

> **Craig es un estudiante universitario al que le encanta dormir. Casi todos los días duerme hasta después del mediodía, y en lo que regresa a su dormitorio después de clases, se desploma en su cama para disfrutar de una larga siesta. Dormir no tiene nada de malo, ¿verdad? Dormir es algo bueno; todos lo necesitamos. Pero si Craig duerme todo el tiempo, llegará tarde a clases, no tendrá tiempo de realizar sus tareas, y se sentirá aletargado.**

> **A Jenny le gustan los dulces. De hecho, muere por ellos. No hay nada que le guste más que un buen postre. Y aunque los dulces son un aperitivo delicioso—todos disfrutamos de ellos de vez en cuando—si Jenny no se disciplina y se excede en el consumo de alimentos azucarados, va a tener que enfrentar graves problemas de salud e imagen corporal.**

> Sherri ama su trabajo. Es un trabajo estimulante y una fuente excelente de ingresos para su familia. Nunca se queja cuando le llegan grandes proyectos a su escritorio, ni duda en quedarse trabajando hasta altas horas de la noche, incluso los fines de semana, si es necesario. En verdad, trabajar no es nada malo. Trabajar duro y proveer para nuestra familia es algo bueno. Pero si Sherri se excede con el trabajo—sin descansar, sin ir a su casa, descuidando a su familia—puede fatigarse y alejarse cada vez más de sus seres queridos.

Y así sucesivamente. Ir a la playa es algo bueno, pero pasar demasiado tiempo en la playa puede dañar su piel. El dinero es algo bueno y necesario, pero el tener demasiado dinero ha arruinado la vida de mucha gente. Querer dar lo mejor de nosotros mismos es algo bueno, pero querer ser perfectos puede ser algo dañino, tanto para nosotros como para quienes nos rodean.

Estoy segura de que hay excepciones. Pero eso no cambia la realidad de que si experimentamos mucho de algo bueno, a la larga puede convertirse a en algo malo. Lo he visto una y otra vez: cualquier tipo de exceso puede ser peligroso. Es por esto que la Palabra de Dios dice: "Vuestra mesura sea conocida de todos los hombres. El Señor está cerca" (Flp. 4:5, RVR 1977). La moderación es importante. Es de sabios sobrepasar el *no tengo suficiente de algo*, pero sin llegar al *tengo demasiado de algo*. ¡El equilibrio es la clave!

Este mismo principio que aplica para el sueño, la comida, el trabajo, el dinero, la ambición, etcétera (todas las cosas buenas, con moderación), aplica para las "opciones" que tenemos en la vida. Creo que estaremos de acuerdo en que tener opciones es algo bueno, pero he notado que tener *demasiadas opciones* nos puede afectar negativamente y traernos una cantidad enorme de estrés innecesario. Alina Tugend, en su artículo de New York Times llamado "Demasiada opciones: un problema que puede paralizarnos", afirma que mientras más los psicólogos y economistas estudian la sobrecarga de opciones, más llegan a la conclusión de que esta puede, de hecho, paralizar a la gente o llevarla a tomar decisiones que van en contra de sus propios intereses".[1] Demasiadas opciones pueden traer confusión, incertidumbre, y altos niveles de estrés.

No podemos negar que tenemos más opciones que nunca en la cultura actual. Tenemos cientos de canales de televisión de donde escoger, abundantes tipos de café (grande, chai, venti, decaf, helado, frappé, especiado, por nombrar algunos), una increíble variedad de aparatos electrónicos manuales que nos permite tuitear, enviar mensajes de texto, seguir, seleccionar como favorito, conversar por snap, mirar o escuchar. Cada vez que nos damos la vuelta, nos bombardean para que probemos cosas nuevas, para que nos afiliemos a nuevos planes y seleccionemos nuevas opciones.

Recientemente leí que un supermercado promedio en los Estados Unidos ahora almacena 48.750 productos (más del quíntuple que en 1975).[2] ¡Esa sí que es una cantidad de productos para escoger! No es de sorprender que a uno de mis amigos misioneros le haya costado tanto comprar un cereal, cuando él y su esposa visitaron los Estados Unidos. No fue porque no pudieron encontrar cereal. El pasillo de los cereales les pareció estupendo. Pero estaban tan sobrecargados por el número de opciones que salieron de allí con las manos vacías, sacudiendo la cabeza consternados. Verá, en África, donde ellos vivían, tenían un solo tipo de cereal, así escoger no era estresante en lo absoluto.

Sea la manera de gastar nuestro dinero, nuestra energía o nuestro tiempo, si nos dejamos distraer por el fascinante abanico de opciones que existen actualmente, podemos caer fácilmente en la trampa del estrés. Lo que puede ser algo bueno, se transforma en una experiencia exasperante. La gente cae en esta trampa todo el tiempo. Comprar una casa nueva se convierte en una carga, escoger un plan para el teléfono nos puede tomar meses, encontrar una iglesia se convierte en una competencia, y comenzar una dieta nueva es algo que la gente parece hacer cada dos semanas. En su libro *La paradoja de la elección,* Barry Schwartz señala que en este punto es que "las opciones ya no liberan, sino que debilitan".[3]

Tomar una decisión cuando la vida enloquece

Si alguna vez se ha sentido estresado y sobrecargado ante tal variedad de opciones, le tengo buenas noticias: usted puede ser una persona que tome decisiones sabias, valientes y confiables. No tiene que andar indeciso e inseguro por la vida. Y ya no tiene que sentirse intimidado por el gran número de opciones que tiene ante usted. Con la ayuda de Dios, podemos liberarnos de las distracciones y tomar decisiones firmes, que nos ayudarán a sentir paz, no estrés.

Aquí le muestro cinco pasos para permanecer en calma y hacer buenas elecciones cuando se enfrente a numerosas opciones:

Paso 1: Pídale guía a Dios

Hebreos 13:6 dice: "Así que podemos decir confiadamente: 'El Señor es mi ayudador; no temeré lo que me pueda hacer el hombre'". El hecho de que Dios sea una ayuda para nosotros debe llenarnos de calma y confianza. Cada vez que debamos tomar una decisión, podemos acudir a Dios y pedirle su guía y dirección. Después de todo, ¡la Palabra promete que Él nos ayudará!

He notado que mucha gente espera y acude a Dios como su último recurso. *Después* de haber hecho todo lo imagi-

> *Cada vez que debamos tomar una decisión, podemos acudir a Dios y pedirle su guía y dirección.*

nable, o *después* de haber probado algo que no funcionó, *entonces* acuden a Dios, llenos de pánico, y le suplican por su ayuda. Pero lo están haciendo al revés. Es como salir a comprar un saco el último día de invierno. Necesitamos el saco antes de que llegue el frío, no después.

De la misma manera, necesitamos la guía de Dios antes de tomar una decisión, no después. En vez de acudir a Dios como nuestro último recurso, (que es una forma muy estresante de vivir), fórmese el hábito de acudir a Él en primer lugar. Finalmente aprendí a hacerlo de forma regular, y lo animo a usted a hacer lo mismo. No importa cuán grande o pequeña sea la decisión que esté tomando, pídale sabiduría a Dios. Pídale que le diga qué hacer y cuando hacerlo...y luego crea que Él le guía mientras usted avanza. Si toma la decisión de siempre consultar con Dios sobre las decisiones que debe tomar, verá como experimenta un nuevo nivel de contentamiento en su vida.

Paso 2: Simplifique el proceso de toma de decisiones

Henry David Thoreau dijo: "Nuestra vida se desperdicia con los detalles...simplifiquen, simplifiquen".[4] La simplicidad es muy importante para disfrutar la vida. El hecho es que nosotros contribuimos con mucho del estrés que enfrentamos, porque complicamos las cosas. A veces vemos las decisiones que debemos tomar como un juego de ajedrez. Pensamos en los siguientes tres pasos y convertimos todo en algo mucho más complicado de lo que debería ser. En medio de la sobrecarga de opciones, es crucial que simplifiquemos nuestro proceso de toma de decisiones. Hay varias maneras de hacer esto, pero aquí le ofrezco tres opciones para simplificar las cosas:

1. Conténtese con el sitio donde Dios lo tiene.

   El contentamiento es el secreto de la simplicidad. El apóstol Pablo dijo: "No lo digo porque tenga escasez, pues he aprendido a contentarme, cualquiera que sea mi situación" (Flp. 4:11). Pablo había conocido el triunfo y el fracaso, la pobreza y la prosperidad, y había aprendido a estar contento, sin importar la situación. El contentamiento no tiene nada que ver con las circunstancias externas, sino con una paz interna. Si usted se establece, confía en Dios y disfruta del lugar donde Él lo tiene en este momento, la toma de decisiones será mucho más fácil.

2. Baje el ritmo.

   Mucha gente tiene un ritmo de vida demasiado acelerado. Viven corriendo de un evento a otro, van de actividad en actividad, sin detenerse a disfrutar la vida. Mucha de esta actividad es el resultado del miedo a perdernos de algo. Y todo lo que sea resultado del miedo es poco saludable y daña el espíritu. También podemos sentirnos presionados a hacer todo lo que todo el mundo quiere y espera que hagamos. Estamos estresados, simplemente porque no sabemos decir que no.

Las decisiones de Dios rara vez se toman apresuradamente. Si siente que tiene problemas para encontrar la paz en medio del todas las decisiones

> *Las decisiones de Dios rara vez se toman apresuradamente.*

que necesita tomar a diario, le animo a bajar el ritmo. No entre en pánico. Tómese tiempo para disfrutar de la vida y apóyese en Dios para tomar sus decisiones.

Jesús siempre estaba ocupado, pero nunca estaba apurado. Él no corría por todos lados, estresándose, pensando en todas las cosas que tenía que hacer. Debemos ver a Jesús como nuestro ejemplo el día de hoy. No permita que el ritmo frenético de la vida le haga dejar de lado la paz.

3. Reduzca sus opciones.

Si se encuentra en medio de un dilema que tiene muchas, muchas respuestas posibles, esta es una manera sencilla de reducir el estrés potencial. Es posible que usted no sepa la respuesta correcta, pero le apuesto a que puede determinar cuáles respuestas son incorrectas. En vez de alterarse por lo complejo que puede resultar la elección, comience por eliminar todas las malas opciones. Puede que se sorprenda con lo útil que resulta este ejercicio. A veces, mientras más opciones improbables descartamos, más obvia nos parece la opción correcta.

He aquí tres ejemplos sencillos: si necesita comprar cereal, pero está confundido por tantas opciones, elimine todos los que tienen alto contenido de azúcar y la cantidad de opciones se verá bastante disminuida. Comenzar el día con un bol lleno de azúcar no es una elección buena ni saludable. Al eliminar la mala opción, es más fácil encontrar la correcta.

Ayer me puse una blusa nueva que me gusta mucho. Es de color rosado, un color que casi nunca consigo en un modelo que me guste. Sin embargo, tuve que estar todo el día estirando la blusa hacia abajo porque la tela era resbalosa y se me subía hasta la cintura en vez de caer sobre mis caderas. Eso comenzó a frustrarme y cada pocos minutos tenía que revisar donde estaba la blusa. ¡La elección sencilla es no ponérmela de nuevo! Aunque en verdad me gusta, no quiero vivir el estrés que me produciría volvérmela a poner. Puedo simplificar mi vida eliminando la opción que me llenaría de frustración.

Siento que mis niveles de estrés aumentan cuando trato de hacer funcionar cosas que simplemente no funcionan. ¿Alguna vez ha tratado de usar unos zapatos que le molestan y le dejan ampollas cada vez que se los pone? Yo lo he hecho, pero he decidido que escoger una opción cómoda es menos estresante que utilizar unos lindos zapatos que me incomodan.

Paso 3: Pida buenos consejos

La independencia es una buena característica pero, como todo lo demás, si es desequilibrada, se puede convertir en una desventaja. Creo que es estupendo ser fuerte y no vivir nuestra vida dependiendo de lo que otros digan, pero hay veces en que las opiniones de los demás pueden ser muy beneficiosas. No confunda el orgullo con la independencia. A veces, lo mejor que podemos hacer es ser humildes y pedirle ayuda a un amigo.

Cuando enfrentamos una sobrecarga de opciones, una

opción sabia puede ser pedirle consejo a un amigo de confianza o a un asesor. Proverbios 11:14 dice: "Donde no hay dirección sabia, el pueblo cae; la seguridad está en los muchos consejeros". Así que es muy útil recibir ayuda de la gente en la cual confiamos. Muchas veces, hay gente a nuestro alrededor que ya ha pasado por lo que usted está pasando, cuyas opiniones pueden ser invaluables.

No obstante, es importante que usted no sienta que deba hacer lo que alguien más le dijo solo para hacerlos feliz. El equilibrio es importante aquí. Deje que Dios lo guíe, no la opinión de los demás. Sea lo suficientemente sabio para buscar consejos realmente útiles en momentos estratégicos, y luego lleve ese consejo ante Dios y pídale que le dé su paz sobre las decisiones que Él desea que usted tome.

Mi hija tenía, literalmente, miles de opciones disponibles cuando ella y su esposo estaban decorando su hogar. Como la decoración no es su fuerte, se sentía estresada por todo lo que debía escoger. Para ella era mucho más fácil que otros la ayudaran a seleccionar quizás dos o tres cosas, y luego ella escogía de allí. Sin embargo, mi nuera es muy buena para la decoración y no necesita ningún tipo de ayuda. Es bueno conocernos y nunca ser demasiado independiente como para no buscar la ayuda que necesitamos.

Paso 4: Sea confiado y decidido

El problema que hay en tener demasiadas opciones es que mina nuestra confianza. Incluso cuando sentimos que tomamos una buena decisión, nos preguntamos si tomamos la mejor decisión de todas. Es como ordenar en un restaurante que tiene un menú de catorce páginas. Cuando

> La confianza nos hará avanzar, dejando atrás la duda, la indecisión y la incertidumbre

hay sobreabundancia de opciones, nos lleva más tiempo ordenar. La duda se infiltra y le pregunta: "¿De verdad estás segura que eso es lo que quieres?".

Puede que la indecisión no sea algo grave en un restaurante, pero puede ser algo abrumador en la vida. Para simplificar el proceso de toma de decisiones, es importante que avancemos con confianza y decisión. Una persona sin confianza es como un carro tiene el tanque de gasolina vacío. El carro tiene la habilidad de viajar, pero si no tiene gasolina, no va a ninguna parte. La confianza es nuestra gasolina. La confianza nos hará avanzar, dejando atrás la duda, la indecisión y la incertidumbre.

En vez de pensar: *¿Y si mi decisión es la equivocada?*, escoja tener confianza en que lo hará bien. Recuerde, ya le pidió a Dios sabiduría y guía. Él está con usted, y va a ayudarlo. Y, ¿sabe qué? Si toma la decisión equivocada, Dios ve su corazón y sabe que usted está tratando de hacer lo correcto. Él estará allí para ayudarlo a avanzar en la dirección correcta. Así que ya no tome decisiones con temor, ¡avance con confianza!

Paso 5: Deje que la paz decida.

Incluso después de pedirle ayuda a Dios, simplificar el proceso de toma de decisiones, recibir buenos consejos, y avanzar con confianza, hay momentos en los que no podemos evitar pensar: *¿De verdad estoy tomando la decisión correcta?* Y cuando hay mucho en juego, esta pregunta puede ser muy estresante. Sea que esté considerando un trabajo nuevo, si debe mudarse a otro lado del país, en cuál escuela inscribirá a sus hijos, si debe casarse, etcétera, probablemente quiere asegurarse de hacerlo bien la primera vez. La gente me pregunta todo el tiempo: "Joyce, ¿cómo puedo saber realmente si estoy tomando la decisión correcta?".

Cuando la gente me pregunta esto, (y probablemente usted lo está preguntando en este momento), siempre les digo lo que el apóstol Pablo dijo en Colosenses 3:15. Este es un versículo excelente para recordar cuando estamos en las últimas etapas de la toma de una decisión importante: "Y la paz [armonía del alma que viene] de Dios gobierne [actúe constantemente como juez] en vuestros corazones [decidiendo y respondiendo todas las preguntas que surjan en su mente, en este estado de paz]". Es decir... ¡deje que la paz decida!

¿Cuál de sus opciones le hace sentir más paz? Después de haber orado por eso, de haber pedido consejos, de haber descartado las malas opciones, y de haber considerado las opciones restantes, ¿qué es lo que le da mayor paz? Ese sentimiento de paz, con frecuencia, es una confirmación de que es la mejor opción para Dios. Confíe en que Él lo está llevando por ese camino y deje que la paz "responda todas las preguntas que surjan en su mente".

También recomiendo que cualquier decisión importante, incluso después de haber sentido paz con respecto a ella, pueda reposar en su corazón por un lapso de tiempo. Eso me ayuda a mí porque si me siento igual por dos o tres semanas, estaré aún más segura de que estoy tomando la decisión correcta.

Tenemos un guía

Una sobrecarga de opciones puede ser algo muy estresante si todos esperan que hagamos esas elecciones nosotros solos, pero afortunadamente no es así. Es muy reconfortante saber

> *No importa cuán grande o pequeña sea la decisión que estemos tomando, podemos sentirnos en paz sabiendo que nadie espera que tomemos esa decisión nosotros solos.*

que Dios prometió estar con nosotros. No importa cuán grande o pequeña sea la decisión que estemos tomando, podemos sentirnos en paz sabiendo que nadie espera que tomemos esa decisión nosotros solos. No solo Dios está con nosotros, sino que también nos dará la guía que necesitamos para dejar atrás el gran número de opciones y realizar una elección sabia. Juan 16:13 dice que el Espíritu Santo "os guiará a toda la verdad, porque no hablará por su propia cuenta, sino que hablará todo lo que oiga y os hará saber las cosas que habrán de venir". El hecho de que el Espíritu Santo es nuestra guía hace toda la diferencia.

Imagínese que debe ir al río Amazonas sin guía. Guao... ¡hablando de estrés! Probablemente vaya preocupado por todo el camino hacia el río. No podrá disfrutar un solo segundo del viaje porque estará pensando en todas las cosas que pueden salir mal. Serpientes, cocodrilos, tormentas, arañas del tamaño de su mano, no hay manera de que se sienta en paz. Seguramente se sentirá sobrecargado de estrés.

Pero sería una historia completamente diferente si un guía experimentado lo guiara por el río. Si usted supiera que su guía lo mantendría seguro y lo ayudaría en cada etapa del viaje, estaría mucho más relajado. Cada vez que no estuviera seguro de que hacer, su guía lo protegería, lo enseñaría, lo confortaría, y lo animaría a seguir adelante. Usted aprendería cosas nuevas y disfrutaría nuevas experiencias en un sitio exótico, ¡podría ser la experiencia de su vida!

Es posible que esté pensando, *Joyce, ¡es imposible que yo vaya al río Amazonas!* Pero he usado este ejemplo por una razón. La sobrecarga de opciones es como una jungla. Demasiadas opciones y podemos sentirnos intimidados y avasallados, pensando en todo lo que puede salir mal y en todas las repercusiones peligrosas que podríamos enfrentar. Pero permítame recordarle hoy que usted no está viajando solo. El Espíritu Santo es su guía y Él promete darle sabiduría y guiarlo por toda verdad. Así que no se sienta estresado por las opciones que enfrenta el día de hoy. Pídale ayuda a Dios para dejar atrás la distracción de la sobrecarga de opciones, confiar en su guía y prepararse, porque Él quiere llevarlo a vivir la experiencia de su vida.

Para recordar

➤ Demasiada cantidad de algo bueno puede convertirse en algo malo.

➤ Tener opciones es bueno, pero tener demasiadas opciones es una fuente de estrés.

➤ Cuándo deba tomar una decisión, acudir a Dios es la primera opción, no el último recurso.

➤ Podemos simplificar el proceso de toma de decisiones estando contentos, bajando el ritmo y reduciendo nuestras opciones.

➤ Es sabio buscar buenos consejos de parte de amigos o líderes confiables, pero sin sentir que tenemos que hacer lo que ellos dicen para hacerlos felices.

➤ ¿Cuál es la decisión que le trae mayor paz? Si no está seguro de que decisión tomar, deje que la paz decida.

➤ El Espíritu Santo es nuestro guía. Si se lo pedimos, nos dará la sabiduría que necesitamos. No tomaremos esta decisión nosotros solos.

¿Sabía que...?

Reír reduce las hormonas del estrés (como cortisol, epinefrina y adrenalina) y fortalece el sistema inmune al liberar hormonas que mejoran la salud.[5]

MANTENGA
LA CALMA
Y
RÍA

CAPÍTULO 8

Ría, ría y ría un poco más

"Una buena risa es un rayo de sol en nuestra casa".
—William Thackeray

Imaginemos por un momento: estamos en una playa solitaria, disfrutando de un hermoso día, con el viento en nuestro cabello, el agua tiene la temperatura perfecta, el teléfono no suena, el jefe no nos está enviando correos sobre algún proyecto estresante que está retrasado, y no hay demandas agobiantes en nuestra mente. Ya hemos hecho reservaciones para cenar en un muy buen restaurante de la localidad, y lo único que tenemos para hacer entre este momento y la cena es…relajarnos.

Ah, las vacaciones. Suena bien, ¿verdad? Sea en las montañas, la playa, un viaje al campo, o una semana libre para quedarnos en casa y descansar, las vacaciones son un gran momento para renovarnos, relajarnos y recargar energías. Es un momento para alejarnos de las preocupaciones del trabajo y las tensiones del diario vivir y simplemente divertirnos con familiares y amigos en días tranquilos.

Pero estudios recientes han demostrado que muchas personas no aprovechan sus vacaciones, particularmente aquí en Estados Unidos. Por miedo a atrasarse en el trabajo o a que otra persona les quite sus empleos, los trabajadores estadounidenses solo usan la mitad de sus vacaciones reglamentarias, y cuando hacen uso de estas, un 61 por ciento de ellos trabajan mientras se supone que deberían estar descansando, a pesar de los reclamos de sus familiares.[1] Todos los estudios demuestran que las vacaciones son un beneficio no usado.

> Puede parecer poco, pero la risa es de vital importancia en la batalla contra el estrés, el miedo y la preocupación

Les digo todo esto, porque yo creo que la falta de risa es muy parecida a un día de vacaciones pasado por alto, es un beneficio no usado. Desafortunadamente, la risa es una oportunidad que muchos no aprovechan. Está disponible para todos, podríamos disfrutarla si así lo quisiéramos, pero permanece en una lista de beneficios que a menudo es ignorada. En lugar de reír a la menor oportunidad, por cualquier pequeñez de la vida, muchas personas viven cada día frustrados y con mala cara. El desaliento desplaza el disfrute, y los problemas eclipsan la diversión.

Por alguna razón Dios nos ha dado la capacidad de reír. Puede parecer poco, pero la risa es de vital importancia en la batalla contra el estrés, el miedo y la preocupación. Es una herramienta de Dios que nos beneficia de muchas maneras. Por eso, la Palabra de Dios dice:

> "Entonces nuestra boca se llenó de risa y nuestra lengua de alabanza. Entonces decían entre las naciones: '¡Grandes cosas ha hecho Jehová con estos!'".
>
> Salmo 126:2

> "Él llenará aún tu boca de risas, y tus labios de júbilo".
>
> Job 8:21

> "El corazón alegre es una buena medicina, pero el espíritu triste seca los huesos".
>
> Proverbios 17:22

La Biblia dice que el corazón alegre es una buena medicina porque la risa nos levanta el espíritu, mejora nuestra salud mental, emocional y física, y desestresa la mente; y he aquí la mejor parte: no cuesta nada. Tenemos aquí un arma contra el estrés, probada y otorgada por Dios, sin costo alguno, y que se puede usar en cualquier momento, de día o de noche.

Los beneficios médicos de la risa

No importa si es una noche de risas desenfrenadas con amigos divertidos, el disfrutar de una película graciosa en familia, o una risita por un chiste tonto; toda risa es una forma de alivio del estrés. Es una actividad física que tiene beneficios casi incomparables de corto y largo plazo para todo el cuerpo.

A corto plazo, la risa actúa como un vigorizante de nuestros órganos internos, eleva el consumo de aire rico en oxígeno, estimula nuestros corazones, pulmones y músculos, y favorece la secreción de endorfinas producidas por el cerebro. No solo esto, sino que también se ha comprobado que la risa alivia nuestra respuesta inmediata al estrés. La risa nos puede relajar aún en las situaciones de mayor ansiedad, porque estimula la circulación y el relajamiento muscular. Todos estos beneficios ayudan a reducir los efectos a corto plazo del estrés.[2]

Las ventajas a largo plazo de la risa son igualmente beneficiosas para nuestros cuerpos, o aún más. Se ha observado que la risa puede reforzar nuestro sistema inmune, puede actuar como un analgésico natural, disminuye la depresión, e incrementa la satisfacción personal. Los pensamientos negativos pueden producir reacciones químicas que aumentan los niveles de estrés en nuestros cuerpos, pero la risa y un pensamiento positivo pueden liberar neuropéptidos que combaten el estrés y la enfermedad física. Se ha demostrado que la risa puede romper el ciclo espasmo, el dolor de algunas afecciones musculares, y hasta beneficiar a las personas que padecen de depresión crónica.[3]

> Si no ha decidido reír de manera regular, se está perdiendo de un remedio natural que ayuda a disminuir el estrés y a combatir enfermedades.

Si no ha decidido reír de manera regular, se está perdiendo de un remedio natural que ayuda a disminuir el estrés y a combatir enfermedades. Así que nos preguntamos: ¿por qué no reímos más? Porque en verdad, a todo el mundo le gusta reír. Charlie Chaplin solía decir que "un día sin risa es un día perdido".[4] Y si la risa es, adicionalmente, una herramienta tan valiosa para combatir la ansiedad y la preocupación, ¿por qué no la usamos día a día en nuestros hogares, trabajos e iglesias?

Creo que hay tres respuestas a esa pregunta: (1) muchas personas no están conscientes de los beneficios de la alegría, el disfrute y la risa; (2) nos fijamos más rápidamente en las cosas negativas de la vida que en los aspectos positivos: las bendiciones otorgadas por Dios; y (3) El desenfrenado ritmo de nuestras rutinas y el inmenso trabajo y ocupación que enfrentamos nos hacen pasar por alto nuestras oportunidades naturales de reír y de disfrutar la vida.

Creo que es fácil dejar pasar las oportunidades de reír, lo he experimentado. Soy una persona diligente, enfocada en los negocios y orientada a realizar tareas, y de vez en cuando, me concentro tanto en las actividades que tengo que realizar, que termino siendo todo trabajo y nada de disfrute. A través de los años, Dios me ha enseñado a tomar algún descanso y a reír un poco, aún si esto representa reírme de mis propios errores.

Recuerdo que hubo épocas en las que cada vez que usaba pantalones blancos, me derramaba café encima, lite- ralmente *cada vez*. Obviamente, eso no me hacía feliz. Pero tenía una elección: cuando me sucedió aparentemente por décima vez, podía enfurecer y pensar en lo torpe que era, o podía simplemente reírme del asunto y tratar de ser más cuidadosa en lo sucesivo. Quiero decir, que cuando me de- tenía a pensar en ello, era ridículamente gracioso. Supongo que para ese entonces debía, o dejar de usar pantalones blancos, o dejar de tomar café mientras los usaba.

A todos nos pasan cosas así, y todos debemos elegir entre reírnos de esas cosas, o guardarlas junto con todas las cosas que nos frustran en las actividades diarias. ¿Le ha pasado que alguien le diga "solo ríete de esto" cuando se molesta por cualquier pequeñez? Esto significa que po- demos evitar la frustración y exasperación simplemente riéndonos. Si nos riéramos más de este tipo de peque- ñeces, tal vez no estallaríamos por culpa del estrés que hemos venido acumulando durante el día. Dios debe reírse a carcajadas de las cosas que nos frustran, mientras piensa: *Oye, ¿NO vas a molestarte por eso, verdad?*

No me gustaría contar las veces en que las pequeñas molestias y las cosas insignificantes han arruinado mi día. Aún si les permitimos arruinarnos una hora, o hasta unos pocos minutos, es una mala elección. ¿Por qué no probar la terapia de "reírnos de eso", y descubrir por nosotros mismos que si funciona?

Me ha tomado tiempo, pero con la ayuda de Dios he aprendido a no tomarme todas las cosas de la vida tan en serio. Para mí es importante tomar tiempo diariamente para divertirme y aprovechar cada oportunidad que tengo para reír. Esto es vital para combatir el estrés y las tensiones que tratan de infiltrase en mi vida. Y lo mismo aplica para usted. Sea algo tan tonto como derramarse café encima, o algo tan serio como una decisión de gran importancia, si nos decidimos a tomar las cosas con calma y sin tanta seriedad, nos sorprenderá lo rápido que disminuyen los niveles de estrés.

Probablemente, al leer esto usted me diga: *Joyce, de verdad me gustaría reír más, pero ciertamente no sé por dónde empezar, son tantas las cosas estresantes a las que tengo que hacer frente, ¡que no tengo nada de que reírme!* Puede que piense que no tiene tiempo de reír porque tiene muchos problemas que resolver, pero si es así me gustaría animarle a experimentar un cambio de actitud el día de hoy; en lugar de pensar que no tiene tiempo para reír, piense que no tiene tiempo para *no* reír, que reír es de importancia vital para nuestra paz interior, nuestras relaciones, nuestra salud, y nuestra lucha contra el estrés. Déjeme ofrecerle algunas sugerencias que le ayudarán a incluir un poco de risa en su vida…

Como reírse a propósito

Una de las cosas más valiosas que he aprendido en la vida es que no necesito esperar a sentir ganas de hacer algo para efectivamente hacerlo, y esto también aplica para usted. Podemos aprender a crear oportunidades para reír:

- **Planifique reír…y hágalo**: ¿alguna vez ha reservado tiempo para sentirse feliz? Sé que suena extraño al principio, pero ya que reservamos tiempo para cosas importantes como ir al doctor, los eventos escolares y los almuerzos de trabajo, ¿por qué no reservar tiempo para algo de risa? Tómese un pequeño espacio de tiempo al día para apartarse de las ocupaciones y pensar en las cosas buenas que le han ocurrido hoy. Aunque no sean suficientes para hacerle desternillar de la risa, al menos podrán arrancarle una sonrisa, y hasta ese gesto puede ayudar. Enfóquense en algo gracioso que haya dicho algún amigo, o algo agradable que esté planeando hacer; no deje que los eventos estresantes le roben cada minuto del día: reserve tiempo para un poco de diversión.

Mi hija me llamó una noche para decirme que viera algo gracioso en la televisión, y aunque me encontraba ocupada haciendo algo, decidí tomarme el tiempo para verlo. Luego de eso, la llamé y nos reímos un buen rato recordando la historia que habíamos visto. Hoy he recordado varias veces el episodio y me ha hecho soltar una risita cada vez.

Cuando estoy en la tienda de víveres esperando que Dave pague las compras, me voy al estante de las tarjetas de cumpleaños, y empiezo a leerlas, porque sé que voy a disfrutar riéndome de lo graciosas que son muchas de ellas.

• **Frecuente personas divertidas y alentadoras**: Me encanta estar cerca de personas alentadoras y de ánimo alegre. Su buen humor y su naturaleza positiva son contagiosas. Creo que usted estará de acuerdo con esto. Es cien veces mejor estar cerca de personas estimulantes y que nos hagan reír, que estar con personas desmotivantes y que nos hagan sentir fatal por los malos momentos que hemos pasado durante el día. Si se encuentra ante mucho estrés y

muchas presiones, una de las cosas más prácticas
que puede hacer es buscar amigos que le hagan reír,
y pasar la mayor cantidad de tiempo posible con
ellos. Sí, habrá muchos momentos en los que tendrá
conversaciones serias con sus amigos, pero es suma-
mente valioso tener a alguien en nuestras vidas que
tenga un humor oportuno para aliviar el estrés.

> *Comience la mañana
> eligiendo pensar en
> cosas alegres y diver-
> tidas...a propósito.*

Una pareja que trabaja para
nosotros nos estaba acompa-
ñando en un viaje. Pennie es
mi secretaria ejecutiva y Mike
es el pastor de nuestro personal. Mike es una persona a la que no le cuesta nada ser gracioso. Cuando
hemos terminado con nuestros eventos y conferencias, y vamos de vuelta a casa después de tres días de
arduo trabajo, siempre puedo contar con él para reír.

• **Cambie su perspectiva**: Una de las mejores formas
  de estar alegre es empezar cada día con una "sesión
  de pensamiento". En lugar de dejar que los hechos
  del día configuren nuestro pensamiento, nos tomamos unos minutos para dejar que la Palabra de
  Dios lo haga. Comience la mañana eligiendo pensar
  en cosas alegres y divertidas...a propósito. Luego
  pase un rato meditando en los pasajes de las Escrituras que estén llenos de felicidad (Ro. 15:13, Flp.
  4:4, Ro. 14:17, Sal. 16:9, Pr. 10:28, 1 Tes. 5:16). Si
  cambia su perspectiva, y comienza a buscar las mejores cosas de la vida en lugar de las peores, es asombroso lo fácil que se hace reír y disfrutar de la vida.

• **Alquile o descargue una película divertida**:
  Cuando tengo algún tiempo libre, me encanta relajarme viendo una buena película, y una buena

comedia es una gran forma de reducir el estrés. ¿Cuándo fue la última vez que se sentó a ver una película graciosa y rio por un par de horas? Recuerde, "el corazón feliz es una buena medicina", de manera que algo tan simple como ver una de sus comedias favoritas puede ser terapéutico para el alma.

• **Ríase de usted mismo**: Sé que probablemente esté muy ocupado y que tiene que lograr muchas cosas importantes a lo largo de un día promedio, pero si se parece en algo a mí, estoy segura de que también comete algunos errores muy cómicos, y una de las mejores cosas que podemos hacer cuando los cometemos, es reírnos de nosotros mismos. No estoy diciendo que no dé lo mejor de sí, pero una vez que se ha cometido un error, ya no se puede deshacer, por lo que resulta mejor usarlo en nuestro provecho y reírnos de lo tonto que fue, aprender de él y seguir adelante. Unas de las razones por las cuales la gente se rehúsa a reírse de sí misma son las inseguridades y la baja autoestima. Ellos encuentran su valor en lo que hacen, o en lo que otros piensan de ellos, de manera que cuando fallan, se ven a sí mismos como un fracaso. Pero si sabemos quiénes somos en Jesucristo, si sabemos que nuestro valor se encuentra en Él y en su amor por nosotros, no hay error u opinión de nadie que pueda impedirnos reírnos de nosotros mismos de vez en cuando.

Yo me río de mí misma con frecuencia, por ejemplo:

Una vez buscaba frenéticamente mi teléfono mientras estaba hablando por él.

Una vez llamé a alguien, olvidé a quien había llamado y tuve que preguntarle ¿con quién hablo?

En una ocasión perdí mis pantalones cuando fui a darme un masaje, ¡y tuvieron que darme unos de la tienda de regalos para irme a casa!

Y esta es una pequeña selección de cosas que he hecho, de las cuales puedo reírme o sentirme avergonzada. ¡Yo elijo reír!

- **Pídale a Dios que le devuelva su gozo:** Dejé el punto más importante de último, pero esto no significa que es lo último que debemos hacer. De hecho, esto es lo primero que se debe hacer para vivir una vida feliz y llena de alegría. En el Salmo 51:12, David oro: "Devuélveme el gozo de tu salvación". En uno de los momentos más difíciles de su vida, David entendió que solo Dios podía devolverle el gozo. Esto aplica para usted y para mí. Si usted está lidiando con situaciones difíciles o dolorosas, que le han despojado su gozo, que le han arrancado su risa, y han traído estrés a su vida, no intente pasar por ello solo; pídale ayuda a Dios, y pídale que le devuelva el gozo a su corazón, porque Él está deseoso de darle "aceite de gozo en lugar de luto, manto de alegría en lugar del espíritu angustiado" (Is. 61:3).

La conexión entre la risa y el gozo

Al terminar este capítulo, tómese un momento para pensar en la manera en que ha estado abordando la vida. ¿Ha estado simplemente tratando de pasar el día? ¿Tiene dolores de cabeza causados por el estrés? Si fuera honesto consigo mismo, ¿sería capaz de recordar cuando se rio de buena gana por última vez? Bueno, quiero que sepa que el gozo del Señor puede aliviar cualquier dolor emocional o físico y traer un nuevo nivel de satisfacción a nuestra vida. El gozo del Señor puede ser cualquier cosa entre un calmado deleite y la más extrema hilaridad. La mayoría de las veces, la gente

> *El gozo del Señor puede aliviar cualquier dolor emocional o físico y traer un nuevo nivel de satisfacción a nuestra vida.*

gozosa vive en la etapa del calmado deleite, pero los tiempos de extrema hilaridad también tienen su valor y añaden mucho a la vida. Una vez escuché decir a alguien que la risa es similar a trotar internamente, y pienso que es muy cierto, ya que la risa mejora la salud mental y emocional, eleva el espíritu y disipa la preocupación. Es casi imposible estar ansioso y reír al mismo tiempo. Por esto, es necesario que expresemos el gozo a través de la risa cada vez que tengamos la oportunidad, porque la risa es la evidencia palpable de la alegría interna y se ha comprobado que nos hace sentir mejor.

Una cosa es segura, no hay muchas probabilidades de reír si no empezamos con una sonrisa. Muchas veces digo que hay personas que necesitan notificarles a sus rostros que son creyentes, ya que en lugar de sonreír, fruncen el ceño, y en lugar de reír, lloran. Algunos cristianos tienen expresiones tan amargadas que pareciera que fueron bautizados en jugo de limón, pero como seguidores de Jesús, podemos actuar diferente ante la depresión y el desaliento que nos rodea. La Palabra de Dios dice que somos la luz del mundo (Mt. 5:14). Imagine que su sonrisa es el interruptor que enciende esa luz.

No tenemos que depender de las circunstancias o de otras personas para estar gozosos; lo sé porque puedo estar completamente sola y estar sonriendo, sin siquiera necesitar una razón. Es solo porque me hace más feliz sonreír de vez en cuando.

Si voy por ahí con una mala expresión en mi cara, casi siempre comenzaré a derrumbarme emocionalmente, porque mi ceño fruncido contagia mis emociones y mi disposición; pero cuando sonrío, siento que mi semblante se eleva totalmente. Trate de hacerlo, frunza el ceño por un instante y vea cómo se siente…bien, ahora sonría y vea como *eso* lo hace sentir. ¿Nota la diferencia?

Tal vez no se haya reído (quiero decir, reído de verdad) en mucho tiempo. Si ese es el caso, probablemente esa sea también la causa del estrés que está sintiendo hoy. Quizás descubra que se siente mucho mejor después de una risa vigorosa. A veces me siento limpia y renovada después de reír con gusto. Si estoy cansada y agobiada de tanto lidiar con los asuntos de la vida, a veces siento que mi vida es como un escaparate polvoriento, maloliente y necesitado de aire fresco. Pero cuando me tomo la libertad de reír de buena gana, pareciera que "mi alma se airea", renovándome y levantando la pesada carga de mi mente cansada.

Quizás usted piense: *¡Joyce, no tengo motivos para reírme!* Y yo tampoco los tengo siempre, pero es allí que la lista que vimos previamente resulta útil. Úsela y decida reírse cada día tanto como sea posible. Y cuando lo haga, se asombrará de lo distinto que empezará a ver su trabajo, su familia, sus relaciones, a usted mismo, y hasta su andar con Dios. Se convertirá en una persona cuya primera reacción al estrés será la fe y no el miedo; la alegría y no la tristeza; será una persona como Freddie:

Un día el maestro regañó al pequeño Freddie diciéndole: "Freddie, no debes reírte tan alto en el salón de clases". A lo que él respondió: "perdón, maestro, no fue mi intención, solo estaba sonriendo y mi sonrisa estalló".

Esa es mi oración para usted. Oro para que sin importar por lo que esté pasando en su vida, siempre recuerde que el gozo del Señor es su fuerza, que tendrá una sonrisa en su rostro sin importar lo intimidante del incidente, lo estresante de la situación, o lo desalentador del dilema. Y cuando las cosas se pongan duras, cuando sienta ganas de rendirse, oro para que su sonrisa estalle. No nos reímos de nuestros problemas, pero afortunadamente podemos hacerlo porque Dios se hará cargo de ellos.

Para recordar

➤ Al igual que un día de vacaciones desperdiciado, la risa es un beneficio no utilizado si no la aprovechamos.

➤ La Palabra de Dios dice: "El corazón alegre es una buena medicina, pero el espíritu triste seca los huesos" (Pr. 17:22).

➤ La risa actúa como un vigorizante de nuestros órganos internos, eleva el consumo de aire rico en oxígeno, estimula nuestro corazón, pulmones y músculos y favorece la secreción de endorfinas producidas por el cerebro.

➤ Se ha demostrado que la risa puede reforzar nuestro sistema inmunológico, actuar como un analgésico natural, disminuir la depresión, e incrementar la satisfacción personal.

➤ En lugar de permanecer pasivos esperando que pase algo, podemos elegir reír, independientemente de nuestras circunstancias.

➤ El gozo del Señor puede ser cualquier cosa entre un calmado deleite y la más extrema hilaridad.

➤ Con la ayuda de Dios, nos convertiremos en personas cuya primera reacción al estrés sea la fe y no el miedo; la alegría y no la tristeza.

MANTENGA
LA CALMA
Y
ESTÉ SEGURO

FORMAS SIMPLES DE DESESTRESARSE:

✓ Respirar profundamente
✓ Escuchar música de adoración y alabanza
✓ Ir a la cama a buena hora (tal vez un poco temprano)
✓ Reducir las deudas
✓ Perdonar a quienes nos han herido
✓ Tomar recesos frecuentes en el trabajo
✓ Ser alegres y reír mucho
✓ Aprender a decir que no a las exigencias de tiempo que nos produzcan estrés
✓ Comer más frutas y vegetales
✓ Planificar una salida nocturna divertida
✓ Hacer una lista de cosas por las cuales estamos agradecidos

El estrés de la comparación

"No es cuánto tenemos, sino cuánto disfrutamos lo que da la felicidad".

—Charles Spurgeon

Me pregunto cómo habrá sido aquel día. ¿Claro y soleado, o nublado? ¿Estaban los vientos calmados, o rugían anticipando la batalla por venir? Y los soldados, ¿temían los ejércitos las consecuencias del combate, o estaban ansiosos de terminar de una vez con la tan esperada batalla?

Independientemente del clima, o del temperamento de los hombres endurecidos por la batalla, esto es lo que sabemos: en los instantes que precedieron la batalla de David contra Goliat, todo el mundo estaba esperando. No suena muy emocionante, pero es la verdad. Dos ejércitos entrenados, sedientos de sangre, se asentaban a ambos lados del valle de Elah mientras un desafiante pastorcillo trataba de hacer lo impensable: ceñir la armadura de un rey.

Que visión debe haber sido esta para aquellos que estaban lo suficientemente cerca: David, un pastor adolescente, tratando de ajustarse la señorial armadura que fue hecha a la medida del rey Saúl. No fue la idea de David. Él no pidió que se le ajustase. Él no deseaba perder el tiempo, solo quería salir a pelear. Pero en el momento en que David se ofreció para salir a presentar combate al gigante, quienes estaban alrededor de él comenzaron a hacer lo que muchos de nosotros hacemos todavía: lo compararon con otro.

¿Los puede escuchar? *David, si vas a pelear debes lucir*

como si vas a hacerlo...Si bajas al valle, debes llevar el
atuendo que un guerrero llevaría...Camina erguido...Actúa
con más nobleza...Luce menos como un pastorcito...Luce
más como un rey...Sé menos como tú...Sé más como Saúl.

Al leer estas palabras, usted quizás se identifique;
aunque no ha peleado contra un verdadero gigante, le
apuesto que ha batallado contra algunos problemas gi-
gantes. Y quizás haya sentido la presión de vestirse, lucir
o actuar como alguien más. Si ha sido así, déjeme recordarle el resto de la historia.

Las comparaciones siguieron sonando y, por un momento, David casi cayó en la trampa de las comparaciones: "Saúl vistió a David con sus ropas, puso sobre su
cabeza un casco de bronce y lo cubrió con una coraza.
Ciñó David la espada sobre sus vestidos" (1 S. 17:38-39).
Aunque David nunca había usado una armadura, se vio
tentado de usar la de Saúl y de pelear como otra persona.

Pero su buen juicio se impuso. El versículo 39, dice: "Y
dijo David a Saúl: No puedo andar con esto, pues nunca lo
practiqué. Entonces David se quitó aquellas cosas". Y fue esa
última oración lo que llamó mi atención, simples palabras
que pueden ser la clave para disminuir los niveles de estrés
en nuestras vidas: "Entonces David se quitó aquellas cosas".

David se quitó la armadura...

David se quitó las expectativas de los demás...

David se quitó las comparaciones...

> *No importó lo mucho que los demás habían insistido en que David fuera a pelear como lo hacía Saúl, lo mejor que David pudo hacer fue ser él mismo.*

Y esta fue la clave de su victoria. David no necesitaba pelear como Saúl para vencer al
gigante que estaba frente a él.
Solo debía ser él mismo. Todo
lo que necesitaba era su honda,

unas pocas piedras y una confiada esperanza en Dios, para ganar la batalla. Desafió toda lógica, pero Dios ya le había dado a David las habilidades necesarias para vencer en el combate. No importó lo mucho que los demás habían insistido en que David fuera a pelear como lo hacía Saúl, lo mejor que David pudo hacer fue ser él mismo, ¿y saben qué? Eso también es lo mejor que usted puede hacer.

Una pluma de águila

Una de las fuentes de estrés más comunes es la comparación con los demás. Esto no solo es anecdóticamente cierto sino que está respaldado por estudios. Un estudio publicado en la *Revista Trimestral de Economía [Quarterly Journal of Economics]* encontró que "los ingresos más elevados de los vecinos fue una de las causas asociadas con los bajos niveles de felicidad reportados".[1] Para muchos, la felicidad se relaciona con la comparación con quienes les rodean.

Pero he descubierto que nada bueno resulta al tratar de imitar, competir o superar a alguien más. Mientras más nos comparemos con las personas

> *Mientras más nos comparemos con la gente a nuestro alrededor, menos disfrutaremos de la vida que Dios nos ha dado.*

a nuestro alrededor, menos disfrutaremos de la vida que Dios nos ha dado. Como decía Billy Graham: "Los reto a mostrarme un hombre envidioso que sea feliz".[2] Pensemos en cuán cierto es esto. Mientras más miremos a nuestro alrededor y tratemos de vivir una vida diferente a la nuestra, más infelices seremos.

Aunque probablemente coincidamos en que compararse es una mala idea, es un error que cometemos con mucha frecuencia. Y ciertamente me puedo identificar con esto. Yo misma he caído muchas veces en la trampa de la comparación (muchas más veces de las que me gustaría admitir). Todavía recuerdo cuando quería ser más como mi vecina, que era una gran ama de casa y cocinera, o ser como la dulce y misericordiosa mujer que conocí en la iglesia, o como Dave, quien lleva su vida de forma tan despreocupada. La tentación de compararme con otros es una de las

> Las cosas que nos hacen únicos no son un impedimento, son un recurso

cosas con la que he tenido que luchar muchas veces. Pero, con el pasar los años, el Señor me ha mostrado que lo único que puede resultar de la comparación es el estrés. Dios no me creó para ser como alguien más, así que, ¿por qué querría yo desear ser alguien que no soy? De hecho, las cosas que me hacen única son dones, y no cargas, y les doy un ejemplo:

Durante mucho tiempo, me pregunté por qué tenía una voz tan grave. Honestamente, en ocasiones me molestaba mucho. Otras mujeres tenían voces con tonos tan suaves y yo me preguntaba por qué no podía tener lo mismo (en una ocasión llamé para hacer una cita para una limpieza facial, ¡y la persona al otro lado de la línea pensó que yo era un hombre! ¡Qué vergüenza!). Pero con el tiempo, Dios me mostró que me dio mi voz con el propósito de proclamar su Palabra alrededor del mundo, me dio así un don único que puedo usar para su gloria. Y lo mismo aplica para usted. Las cosas que nos hacen únicos no son un impedimento, son un recurso. Por eso dice la Palabra: "Te alabaré, porque formidables y maravillosas son tus obras; estoy maravillado y mi alma lo sabe muy bien" (Sal. 139:14).

Estamos hechos artesanalmente, ¡maravillosamente hechos! Como David, Dios ha cualificado especial y únicamente a cada uno de nosotros para hacer algo que otros no pueden hacer, y podrían pensar: *¡Joyce, yo todavía no sé qué* *es eso!* Pero porque no lo haya descubierto no quiere decir que no lo hará, así que tenga ánimo ¡porque Dios tiene algo específico planeado para su futuro! Resista la tentación de comparase con otras personas, confíe en Dios y permítale obrar en formas que son exclusivas para cada uno.

Dwight L. Moody contó una vez la historia de una bella águila que parecía volar mejor que otra, y un día, el pájaro vio a un cazador que tenía un arco y flechas y le dijo *"desearía que derribaras a esa águila allá arriba"*, y el hombre le dijo que lo haría con gusto si tuviera unas plumas para su flecha, de manera que el ave envidiosa se sacó una pluma de su ala y la flecha fue lanzada, pero no alcanzó al pájaro rival por lo alto que este volaba, así que sacó otra pluma, y otra, y otra, y otra, hasta que perdió tantas que ya no podía volar, por lo que el cazador se aprovechó de la situación y mató a la indefensa águila. Y he aquí la moraleja que el Dr. Moody nos brinda: Si está celoso de los demás, el único al que lastimará será a usted mismo".[3]

Seguridad verdadera y libertad de las comparaciones

Tenemos una epidemia de gente insegura en nuestra sociedad actual, muchas personas tienen una crisis de identidad porque no saben realmente quienes son, y basan su valor en todas las cosas equivocadas: qué hacen, cómo lucen, a quién conocen, qué saben, o qué poseen. Permítanme hacerles unas pocas preguntas: ¿Qué piensan de sí mismos? ¿Cómo se sienten siendo quiénes son? ¿Se han comparado con alguien y se han sentido menos por no poder hacer lo que ellos hacen, o ser como ellos? ¿Se han dicho alguna vez "quisiera lucir como él", "quisiera tener lo que tienen" o "quisiera poder hacer lo que tú haces"? Si es así, no se preocupe, todos experimentamos inseguridad de vez en cuando. Sé lo que es sentirse inferior a otros e inseguro de sí mismo. Crecí en un ambiente hogareño inestable y volátil y nunca me sentí segura durante mi niñez. Sufrí durante muchos años la agonía de querer ser otra persona distinta a mí, hasta que entendí que esa no era la voluntad de Dios. Como dijera Teodoro Roosevelt: *"la comparación es la ladrona de la alegría"*.[4] Mientras más confortables se sientan consigo mismos, más felices serán.

La buena noticia es que no tenemos que vivir vidas inseguras porque es la voluntad de Dios que vivamos en seguridad y no en miedo. Fuimos creados para sentirnos seguros, confiados y valientes; es parte de nuestro ADN espiritual como creyentes renacidos en Cristo, pero la clave de vivir una vida seguros en Cristo es saber quiénes somos en Él, recibiendo en verdad el amor de Dios por nosotros y basando nuestro valor en quienes dice Dios que somos y no en lo que hacemos.

Recuerdo mi primera conferencia, en la que debía hablar frente a varios cientos de personas. Todos los otros conferencistas tenían credenciales impresionantes, eran doctores, reverendos, obispos y teólogos, y yo solo era Joyce, y me sentí muy insegura. Treinta años más tarde estaba yo en una reciente conferencia en la que los otros oradores eran algunos de los más reverenciados hombres de los círculos del cristianismo, y quiero decir, que realmente eran personas importantes, con mucha y grande influencia. ¡Y estaba yo allí! ¿Y saben qué? No me sentí ni un poquito insegura, porque supe por mis más de treinta años de experiencia con Dios, que no tengo que compararme con nadie y que somos iguales a cualquier trabajo que Él no asigne, siempre y cuando confiemos plenamente en Él.

Siempre que tratemos de hacer aquello para lo que Dios no nos dio habilidad, estaremos invitando el estrés en nuestras vidas; la presión que podemos sentir cuando estamos en compañía de personas por la que nos sentimos amenazados puede ser muy estresante y causa que nos comportemos de manera distinta a como realmente somos. Es difícil, sino imposible, formar relaciones sanas con quienes nos estamos comparando constantemente.

> *Siempre que tratemos de hacer aquello para lo que Dios no nos dio habilidad, estaremos invitando el estrés en nuestras vidas.*

Dice la Palabra: *"Ninguna arma forjada contra ti, prosperará, y tú condenarás toda lengua que se levante contra ti en el juicio. Esta es la herencia de los siervos de Jehová: su salvación de mí vendrá", dice Jehová"* (Is. 54:17). Creo que el estrés es una certeza a menos que tengamos una profunda compresión de que Dios nos ama incondicionalmente. En 1 Jn. 4:18 dice: *"En el amor no hay temor, sino que el perfecto amor echa fuera el temor"*. Esta Escritura abrió mis ojos al hecho de que yo era una de esas personas que no se sentían seguras en el amor de Dios. Ser amados incondicionalmente significa que el amor que recibimos no está basado en lo que hacemos. El amor de Dios es perfecto y es un regalo. En ocasiones, me he tenido que recordar a mí misma que no soy *Ministerios Joyce Meyer* (nombre original en inglés, *Joyce Meyer Ministries*), sino que soy una persona que tiene un ministerio. Somos más que nuestro trabajo, nuestro nivel de educación, o nuestros talentos y habilidades. Somos de Dios, le pertenecemos y Él nos ama ¡INCONDICIONALMENTE! Dios es amor, ¡y realmente nos ama!, oro para que usted experimente el amor de Dios cada día de su vida, y que tenga vida y paz, disfrute, y verdadera seguridad en lo que Él tiene planeado para usted. Una vez escuché que la comparación es un acto de violencia en contra de sí mismo y estoy de acuerdo. Sea amable consigo mismo y aprecie quién es.

Esto, y no lo otro

Terminemos este capítulo con algunas formas prácticas de evitar el estrés que proviene de compararnos con otros. No todas se adaptarán a sus vidas, pero les insto a implementar aquellas que sí, en forma de práctica diaria. Pueden tomar tiempo, y pueden no cumplirlas algunos días, pero no se rinda. Cada día pida al Señor que le ayude a buscar su rostro y reconocer su amor por usted; en lugar de hallar su identidad comparándose con otros, pida a Dios que le ayude a encontrar su identidad en Él. He aquí algunas formas útiles de recordarlo cada día:

- Cuando encuentre a alguien que posee un don impresionante, en lugar de envidiarle, agradézcale a Dios por su habilidad, y entienda que ese don le beneficia a usted mucho más si lo disfruta en lugar de envidiarlo.
- Empiece cada día pidiendo a Dios que le renueve la confianza en quien Él le ha dado el regalo de ser.
- Haga una lista de cosas que considere únicas. Recuerde que hay cosas que pudiera pensar que son impedimentos pero que para Dios son recursos que Él puede usar.
- En lugar de copiar el talento de alguien más, trabaje en desarrollar sus propios talentos, en aquello que hace y que otros no pueden y cultívelo. Refuerce sus fortalezas y confíe en que Dios le dio esos talentos por una razón.

- Ore por sus amigos, compañeros de trabajo y vecinos regularmente, sin importar sus condiciones ni comportamientos; pida a Dios que le bendiga cada día, ya que es difícil envidiar a aquellas personas por las que se ora. Si pide a Dios que bendiga a otros, le sorprenderá lo mucho que Dios le bendecirá en retribución.

Así que de una vez por todas, salgamos del pozo de las comparaciones y caminemos en la libertad de nuestra identidad en Cristo. David se quitó la armadura de Saúl que le molestaba. Y usted y yo podemos hacer lo mismo. Podemos quitarnos las cosas que nos han impuesto en el pasado. Recuerde que hemos sido maravillosamente hechos sin importar como lucimos, como vestimos, nuestro estado civil, el trabajo que tenemos, el nivel de educación, el tamaño de su casa, o el alcance de sus talentos. No permita que el estrés de las comparaciones domine su vida. Quítensela y permita que Dios le dé el nivel de paz y gozo que le impulse hacia su destino.

Para recordar

➤ David sentó un ejemplo peleando la batalla usando los dones y habilidades que Dios le dio.
➤ Nada bueno viene de tratar de imitar, competir, o superar a alguien. Mientras más se compare con aquellos que le rodean, menos disfrutará de la vida que Dios le ha dado.
➤ "Te alabaré, porque formidables y maravillosas son tus obras; estoy maravillado y mi alma lo sabe muy bien" (Sal. 139:14).

➤ Fuimos creados para sentirnos seguros, confiados y valientes; es parte de nuestro ADN espiritual como creyentes renacidos en Cristo.

➤ Dios nos creó con un propósito, nos ama incondicionalmente, y nos ha dado dones y talentos especiales.

¿SABÍA QUE...?

Las personas que tienen perros tienen menos probabilidades de experimentar estrés al mismo nivel que los demás.[5]

MANTENGA
LA CALMA
Y
CUIDE LO
QUE DICE

CAPÍTULO 10

Cambie la conversación

"Las buenas palabras valen mucho y cuestan poco".
—George Herbert

¿Recuerda las primeras palabras que dijo su hijo? *Mamá, papá, pelota, perro*. Nada es tan emocionante como escuchar las primeras palabras de un bebé. Llamamos a los amigos, ponemos la información en el Facebook y subimos videos a Instagram (sabe que es cierto). Y pasamos las siguientes semanas rogándoles a nuestros chiquitos que vuelvan a decirlo. He pasado ya dos semanas tratando de hacer que mi nieto diga algo que tan siquiera se parezca a la palabra ¡abuela! Las palabras pueden elevarnos de éxtasis o causarnos el peor daño emocional que podamos sentir como seres humanos. Las palabras correctas en el momento adecuado son de gran valor.

> Las palabras pueden elevarnos de éxtasis o causarnos el peor daño emocional que podamos sentir como seres humanos.

¿Puede imaginar que las primeras palabras de sus niños sean cosas negativas? ¿Y si sus hijos o hijas empezaran sus viajes idiomáticos con palabras como "no puedo", "nunca" o "feo"? No lo postearíamos tan rápido en las redes sociales, y no estaríamos orgullosos para nada. ¿Por qué? Porque las palabras de nuestros hijos son *fundacionales* y muestran lo que es importante para sus vidas. Así que nosotros, con todo derecho, deseamos que nuestros hijos hablen de cosas positivas que les den alegría y satisfacción.

Bueno, debemos saber que lo que es bueno para los

niños, es también bueno para nosotros. Las palabras que decimos no hacen que nuestros familiares las pongan inmediatamente en las redes sociales, pero son igualmente importantes. De hecho, las palabras que decimos cada día son indicativas del tipo de vida que vamos a vivir. Si nuestras conversaciones están llenas de esperanza, positivismo y aliento, enfrentaremos ese día con cierta medida de gozo y optimismo. Por el contario, si nuestras conversaciones están impregnadas de tristeza, estrés, y cargadas de duda, probablemente nos espere un largo día: largo y estresante.

Por esto es que creo que es el momento de "cambiar la conversación"; en lugar de recordar nuestros problemas, ¡es el momento de empezar a recitar las bondades de Dios! A lo largo de mi vida, he observado que hablar mucho de mis preocupaciones no hace nada para que estas se vayan, más bien maximiza mis niveles de estrés; puedo sentir la tensión empeorar a medida que hablo más y más de ello, de manera que cuando más le subo el volumen al estrés, más le bajo el volumen a la fe. Pero algo sorprendente pasa cuando cambio la conversación. Cuando empiezo a hablar del poder, la bondad y la fidelidad de Dios (a pesar de mis problemas), o cuando hablo de las partes de mi vida que no son problemáticas, mis niveles de estrés descienden. No es que mis palabras cambien automáticamente las circunstancias que estoy pasando, sino que ellas tienen el poder de cambiar mi actitud hacia esas circunstancias, hasta que estas cambien.

¡Cambiemos nuestra conversación! En lugar de estresarnos con aquello de lo que carecemos, hablemos de cuán afortunados somos en muchas aéreas de nuestras vidas. Es una solución simple a los molestos problemas del estrés: Las preocupaciones pueden disminuirse al hablar con palabras positivas, inspiradoras de esperanza y llenas de fe.

Como aumentar su gozo

Seguramente habrá escuchado a alguien decir "puede que termines tragándote esas palabras". Tal vez suenen como una simple expresión, pero en realidad, sí nos comemos nuestras palabras. Lo que decimos no solo afecta a nuestros amigos y compañeros de trabajo, sino que también nos afecta profundamente a nosotros mismos. Cabría preguntarnos de que manera, si positiva o negativamente.

> Me pregunto, ¿cuánta gente con altos niveles de estrés se ha preguntado alguna vez si gran parte de su tensión se origina en su propia conversación?

Las palabras son maravillosas cuando se usan de la manera apropiada. Pueden alentar, edificar y dar confianza al oyente. Incluso pueden cambiar la vida cuando se dice lo correcto en el momento justo (ver Pr. 15:23). Literalmente, podemos aumentar nuestro gozo y disminuir nuestro estrés en gran medida con solo decir las palabras adecuadas. Podemos molestarnos hablando de nuestros problemas o de lo que nos ha lastimado en nuestras relaciones. Me pregunto, ¿cuánta gente con altos niveles de estrés se ha preguntado alguna vez si gran parte de su tensión se origina en su propia conversación?

En una oportunidad, estuve enfrentando una situación decepcionante con una persona a quien consideraba una amiga. Noté que cada vez que hablaba de ello, tenía dificultad en sacarla de mi mente por el resto del día. Finalmente, entendí que para superarlo, debía dejar de revivir el asunto mental y verbalmente una y otra vez. La gente me seguía preguntando sobre ese asunto porque estaban genuinamente preocupados, pero yo decidí que debía responder: "prefiero no hablar de eso en este momento", ya que mientras más hablaba de ello, más cabida le daba a la preocupación y al estrés. Cuando dejé la situación en manos de Dios, cuando puse mi problema sobre Él y dejé de hablar de eso, noté que toda mi actitud empezó a mejorar.

Pensemos por un momento acerca de lo que pasa cuando verbalizamos un pensamiento. Las palabras que salen de nuestra boca entran en nuestros oídos (así como en los de otras personas), y de allí pasan a nuestra alma, donde nos alegran o entristecen, nos brindan paz o nos estresan, dependiendo del tipo de palabras que hayamos pronunciado. La mayoría de las personas no se da cuenta de cuán beneficiosas o destructivas son sus propias palabras. Cuando entendamos el poder de nuestras palabras y nos demos cuenta de que podemos elegir qué pensar y hablar, podemos transformar nuestras vidas.

Dios quiere que nuestro espíritu sea ligero y libre para que pueda funcionar de forma apropiada, no pesado y oprimido. Podemos aprender a escoger nuestros pensamientos, a resistir los malos, y pensar en lo bueno, saludable y correcto. A menudo digo: "A dónde va la mente, el hombre la sigue". También se puede decir que a dónde la mente va, ¡la boca la sigue!

Planee decir algo positivo

Dios le ha dado a cada creyente una nueva naturaleza, y nos ha enseñado a renovar nuestra mente y actitud diariamente. En el proceso de renovación, tener una visión optimista y hablar con palabras basadas en la Palabra de Dios, son dos de las cosas más esenciales que podemos hacer. Al empezar nuestro día, si hay alguna actividad en nuestra planificación que no tengamos muchas ganas de emprender, podemos decir: "Ya estoy lamentando este día" o "Dios me dará las fuerzas hoy para hacer lo que tenga que hacer, y hacerlo con gozo." ¿Cuál de estas dos expresiones piensa que lo preparará mejor para el día? Como hemos visto, sí nos comemos nuestras palabras, y podemos decir, sin lugar a dudas, que son alimento para el alma. Cualquiera que desee estar bien nutrido y saludable escogerá comida de calidad, que proveerá el combustible adecuado para el cuerpo. De la misma forma, si queremos ser saludables en el alma y el espíritu podemos también consumir palabras que nos edifiquen e incrementen nuestra paz y alegría.

Quizás usted piense: *Pero Joyce, hay tantas cosas negativas sucediendo a mi alrededor.* Yo sé que a veces eso pareciera ser cierto, pero yo creo que hay muchas cosas buenas ocurriendo en el mundo y que hay más cosas buenas que malas. Pero la maldad se magnifica de tal manera que a menudo es sobrecogedora. Sintonice cualquier noticiero o vaya a alguna página de noticias, y encontrará que están llenos con reportajes de asesinatos, robo, guerra, hambruna y toda clase de sucesos terriblemente trágicos.

Queremos estar bien informados de lo que esté sucediendo, pero hablar excesivamente o sin propósito acerca de los problemas mundiales simplemente crea una atmósfera sombría que nadie va a disfrutar.

En una ocasión, entré a una sala en la que un grupo de personas conversaban acerca de varias empresas que se habían declarado en bancarrota, y luego mencionaron otras dos que habían escuchado que la iban a declarar también. Sentí una pesadez flotando en el ambiente, y dije, "Bien, Dios no está en bancarrota y Él está de nuestro lado". Todos coincidieron conmigo y enseguida el ambiente se aligeró. No sugiero que neguemos la realidad, pero podemos elegir sobre qué temas podemos hablar. En lugar de alimentarnos con una dieta constante de malas noticias, podemos escoger leer, mirar y hablar sobre cosas buenas. Lo que dejemos entrar en nuestra vida nos afectará.

Así que me pregunto, *¿de qué habla usted?* Lo pregunto porque hablamos mucho y con frecuencia no prestamos atención a lo que estamos diciendo, y mucho menos pensamos seriamente acerca del impacto de nuestras palabras. Alguien me dijo que las mujeres más habladoras dicen cuarenta y siete mil palabras al día, y que la mujer promedio dice veinte mil, mientras que los hombres solo dicen siete mil. Debo admitir que me cuesta creer esto, porque conozco algunos hombres que pueden seguirme el ritmo fácilmente. Pero una cosa es cierta, todos decimos cosas que sería mejor no decir.

Si somos honestos con nosotros mismos podremos encontrar que una parte de nuestro estrés, ansiedad y preocupación se encuentran directamente relacionada con nuestras conversaciones. Lo exhorto a empezar a prestar atención a la manera cómo se siente cuando habla de sus problemas, las cosas que le molestan, e incluso los problemas mundiales que todos sabemos que existen. ¿Se le tensan los músculos? ¿Le rechinan los dientes? ¿Se le revuelve el estómago? ¿Le da dolor de cabeza? Todos estos son síntomas de estrés, y todos tenemos la solución para el estrés que se origina por lo que hablamos: ¡cambie la conversación!

Puede que sus palabras no sean la causa de todos sus problemas, pero pueden causar muchos de ellos. Sería de gran ayuda el pensar en nuestras palabras cuando estemos buscando respuestas al estrés que encontramos en nuestras vidas. Todos enfrentamos retos de vez en cuando, pero podemos empeorarlos o mejorarlos por medio de la forma en que hablamos de ellos. Yo no creo que podamos volver agradables todas nuestras circunstancias haciendo confesiones positivas, pero muchas de ellas irán cambiando de acuerdo a la voluntad de Dios cuando hablemos en concordancia con esta. Pero una cosa es segura: hablar negativamente puede lastimarnos, y hablar positivamente nunca lo hará, así que vayamos por lo positivo tan solo por ir del lado seguro.

No pierda su victoria por culpa de sus palabras

La Palabra de Dios tiene mucho que decir sobre las palabras que elegimos, y si esta es un área de su vida en la que usted sabe que necesita cambiar, sería beneficioso para usted ver que es lo que Dios dice y poner sus instrucciones en práctica. He aquí unas pocas referencias bíblicas que nos instruyen y nos alientan en cuanto a nuestra elección de palabras:

> "Ninguna palabra corrompida salga de vuestra boca, sino la que sea buena para la necesaria edificación, a fin de dar gracia a los oyentes".
>
> Efesios 4:29

> "¡Sean gratos los dichos de mi boca y la meditación de mi corazón delante de ti, Jehová, roca mía y redentor mío!".
>
> Salmo 19:14

"Pero yo os digo que de toda palabra ociosa que hablen los hombres, de ella darán cuenta en el día del juicio".

Mateo 12:36

"Panal de miel son los dichos suaves, suavidad para el alma y medicina para los huesos".

Proverbios 16:24

Y estos son solo unos pocos ejemplos de las recomendaciones que la Biblia nos da a usted y para mí en lo tocante a "cambiar la conversación". Las palabras positivas e inspiradas por Dios son "suaves para la mente" y traen "medicina para los huesos".

¿Estamos hablando demasiado?

Dios me ha retado a hacer un "ayuno de palabras", es decir, abstenerme de decir cosas vanas, inútiles y sin poder, y a no hablar sólo para oírme a mí misma. Me encantaría decir que me ha ido fabulosamente bien, pero la verdad es que he hecho un *lento* y arduo progreso. Sin embargo, quiero contarle que en los días en que he tenido más éxito, he notado que estoy más relajada, y a veces, hasta me siento más cerca de Dios.

> *Es posible evitar mucho de nuestro estrés solo haciendo el esfuerzo de no hablar, a menos que tengamos algo realmente digno de decir.*

Esta mañana, Dave y yo sostuvimos una conversación muy tonta. Creo que comenzamos tratando de bromear entre nosotros, pero nuestra conversación degeneró en algo más parecido a insultos y parecía que íbamos derecho a una discusión. Más tarde, me sucedió lo mismo con uno de mis hijos. Creo que yo debería asumir la responsabilidad por ambos episodios, ya que fui el denominador común en los dos (¡Ay de mí!). La Biblia nos advierte acerca del uso de "groserías que no convienen" lo cual es tratar de ser gracioso, pero haciéndolo de una manera irrespetuosa o vulgar (ver Ef. 5:4).

En mi vida he conocido a varias personas que pueden ser muy graciosas, pero cuando están disfrutando de hacer reír a los demás, con frecuencia cambian al trato grosero, en lugar del gracioso, haciendo referencia a las debilidades o los defectos de los presentes que toman parte en la conversación. Usualmente alguna persona resulta ofendida, así que obviamente esto es una mala opción. Fue una conversación que causó estrés y ansiedad y fue provocada por personas que hablaron demasiado, cuando en realidad no tenían nada bueno que decir. Este es el tipo de conversación en la que me enfrasqué esta mañana, cuando me di cuenta de que tenía que cambiar mi conversación con Dave.

Evité lo que pudo haber sido un día de estrés simplemente cambiando mi conversación, y usted puede hacer lo mismo. Pero en ambas situaciones, habría sido mucho mejor disfrutar de la quietud y el silencio y no sentir la necesidad de llenar el aire con palabras tontas e inútiles. Creo que es posible evitar mucho de nuestro estrés solo haciendo el esfuerzo de no hablar, a menos que tengamos algo realmente digno de decir.

Creo que tendremos mayor éxito en esto si nos concentramos en lo que *debiéramos* decir en lugar de concentrarnos en lo que no debiéramos decir. Es contraproducente andar por allí diciéndonos cosas como "no debería hacer esto... mejor no hago lo otro...". Sería mejor si nos tomáramos el tiempo para tener presentes las promesas de Dios y los ánimos que nos dan las Escrituras. Estas son las cosas que podemos y debemos decir. En 1 S. 30:6, cuando David estaba angustiado, se "animaba y fortalecía" en el Señor. ¡Podemos hacer lo mismo!, y he aquí algunos ejemplos de la Palabra de Dios:

- **Bendiga todo** lo que le sea posible bendecir. Elija sus palabras de manera que sean de bendición. Santiago 3:8-10 dice: "pero ningún hombre puede domar la lengua, que es un mal que no puede ser refrenado, llena de veneno mortal. Con ella bendecimos al Dios y Padre y con ella maldecimos a los hombres, que están hechos a la semejanza de Dios. De una misma boca proceden bendición y maldición. Hermanos míos, esto no debe ser así".

- **Sea agradecido** y dígalo (ver Sal. 100:4). No solo piense en cuanto aprecia a alguien, ¡dígaselo! Le alegrará el día, y a usted también.

- **Sea alentador** (ver Heb. 10:24-25). Haga el esfuerzo de dar una palabra de aliento todos los días. Esta es una práctica que cambiará la forma en que mira a los demás y a sí mismo.

- **¡Diga la verdad!** Hay poder en la verdad. No escuche o repita las mentiras del enemigo. Juan 8:32 dice: "Y conoceréis la verdad y la verdad os hará libres".

- Puede que nunca haya pensado en las palabras que dice cada día, o tal vez haya caído en el hábito de recitar sus problemas y hablar con palabras negativas y desalentadoras, y nunca supo que lo estaba haciendo. Sea cual sea el caso, quiero animarle a que empiece de nuevo hoy. Nunca es tarde para cambiar su conversación. Use las herramientas efectivas que Dios le ha dado para combatir el estrés, sus palabras.

Para recordar

➤ Usted realmente puede perder su gozo si utiliza palabras descuidadas o negligentes.

➤ Su manera de hablar le puede generar estrés.

➤ En lugar de recitar sus problemas, ¡es el momento de empezar a recitar las bondades de Dios!

➤ Panal de miel son los dichos suaves; suavidad al alma y medicina para los huesos. (Pr. 16:24).

➤ Hablar demasiado puede alterar nuestra paz y causar estrés.

¿Sabía que...?

Cuando las células se contraen debido a la exposición a las hormonas del estrés, estas se desconectan entre sí, lo que contribuye a la depresión.[1]

MANTENGA
LA CALMA
Y
DISFRUTE DE
LA TRAVESÍA

Todo está bien en mi alma

"Pasamos la mitad de nuestras vidas tratando de encontrar algo que hacer con el tiempo que nos hemos apurado en ahorrar".

—Will Rogers

Cuando sentí por primera vez el llamado de Dios para el ministerio, empecé de inmediato con la enseñanza en Estudios Bíblicos, después trabajando para una iglesia y finalmente emprendiendo los *Ministerios Joyce Meyer*. Creí entonces, (y la gracia de Dios así lo ha demostrado) que era la voluntad de Dios que yo hiciera todas estas cosas, pero cuando por fin empecé a ministrar por primera vez, yo no conocía los principios espirituales para disminuir el estrés de los que hemos hablado en este libro, y por ello, casi me agoté. La mayor parte del tiempo no disfrutaba de lo que estaba haciendo. La gente se sorprende al escuchar esto, pero es cierto. Tuve muchos días en los que me sentí miserable.

En aquellos días, mi esposo Dave hizo algo que me enloqueció de la forma más absoluta. No son las típicas molestias de las que las esposas se quejan, ni es que Dave haya dejado las medias tiradas en el piso, o los platos sucios en la tina del fregadero. Para mí era algo aún más ofensivo…Dave disfrutaba su vida. ¡Siempre estaba feliz! Recuerdo haber pensado: *Me siento fatal, molesta y frustrada. ¡Dave debería estarlo también!* Pero no importaba lo malhumorada que yo estuviera, lo ocupado que él estuviera, o los retos que enfrentáramos, Dave estaba determinado a estar gozoso, y siempre me decía (y aún hoy en día lo hace) "Joyce, solo deja tus cargas sobre Dios, Él tiene el control". Luego ponía una sonrisa en su cara, y salía a disfrutar del día. *¡Cómo se atrevía!*

> *Podemos escoger estar siempre gozosos... Podemos escoger estar contentos...Podemos elegir amar la vida sin importar las circunstancias que nos rodean.*

Bromeo con esto, pero la verdad es que la actitud de Dave fue un gran ejemplo para mí. El me mostró que podemos escoger estar siempre gozosos. Podemos escoger estar contentos. Podemos elegir amar la vida, sin importar las circunstancias que nos rodean. Mientras más veía a Dave decidido a amar su vida, más entendía que él no estaba ni siquiera la mitad de lo estresada que estaba yo. Podíamos estar pasando por la misma situación, pero teníamos actitudes y disposiciones totalmente diferentes. Las mías normalmente involucraban altos niveles de estrés, al contrario que las suyas. Ahora, es cierto que nuestras personalidades son diferentes, pero esto es algo más que simples peculiaridades de nuestras personalidades. Dave estaba haciendo un esfuerzo consciente para disfrutar cada día de su vida, lo cual fue una gran revelación para mí. ¡La paz y la felicidad son elecciones que podemos hacer! Y créalo o no, ¡también podemos decidir entre estar estresados o no!

Esto puede sonarle como un concepto extraño, especialmente si está tratando con una situación traumática o un obstáculo abrumador, pero quiero que sepa que no necesita ser víctima de sus propias circunstancias, sin importar lo grande o pequeño del estrés que esté enfrentando, todo esto es solo parte de sus travesías. Eventualmente pasará y las cosas estarán mejor.

Dice en Filipenses 4:4: "Regocijaos en el Señor siempre. Otra vez digo: ¡Regocijaos!"; el apóstol Pablo escribió ese versículo estando en prisión, y las prisiones en su época eran peores de lo que podemos imaginarnos. Una de las palabras claves en ese versículo es la palabra *siempre*. Con lluvia o con sol, en días buenos o malos, en la cima de la montaña o en el valle, *siempre* podemos regocijarnos. Las promesas de Dios no dependen de lo que suceda a nuestro rededor; Él nos da esperanza y bondad para nuestro regocijo cada día. Cuando estemos pasando por dificultades, podemos regocijarnos en que *estamos pasando* y que no estamos atascados para siempre. En este capítulo, quiero abordar tres preguntas que frecuentemente se me hacen y con las cuales podría estar lidiando: (1) ¿cómo puedo responsabilizarme de mi propia felicidad? (2) ¿Por qué debería estar contento si todavía me falta un gran trecho por recorrer? (3) ¿Es posible disfrutar de la vida aún en medio de un gran dolor? Si está listo para poner el miedo, la preocupación, el estrés y la ansiedad en sus respectivos lugares y tomar el control de su vida, siga leyendo. Creo que este capítulo le va a ayudar realmente.

¿Cómo responsabilizarme por mi propia felicidad?

¿Cuál de estas actitudes tiene la mayoría de las mañanas? ¿Le da la bienvenida a cada día con una actitud positiva, expectante y agresiva sobre lo que le aguarda en la jornada, o se siente con ganas de cubrirse más con las cobijas sobre su cabeza, temeroso de lo que le espera puertas afuera?

Podemos combatir el temor que nos tienta a seguir en cama manteniendo una buena disposición y actitud positiva. Nuestra actitud es muy importante en cuanto a la forma en que miramos cada día, nuestro nivel de alegría es en gran medida modelado por nuestros pensamientos y acciones. Si nos quedamos viviendo en actitudes negativas, esperando lo peor, nuestras acciones reflejarán esos pensamientos. El temor es un familiar cercano del miedo, y permitirle que permanezca en su disposición mental, nos prepara para la tristeza y nos roba la alegría. Para gozar de nuestras vidas, es esencial darle una atención especial a nuestras actitudes, no somos las víctimas de las circunstancias, y debemos responsabilizarnos de nuestra alegría si de verdad queremos tenerla.

En una ocasión, experimenté una sensación de temor mientras planeábamos un viaje de conferencias a la India. No me malinterpreten, me entusiasmaba la maravillosa oportunidad en aquel lugar, pero seguía pensando en el largo vuelo, el calor extremo, y las condiciones tan pobres que existen en ese país. Doy gracias a que ya sabía cómo disipar esos sentimientos negativos con pensamientos positivos acerca de los logros que obtendríamos en nuestra estadía.

Si me hubiese permitido permanecer en los aspectos negativos del viaje, esto me habría quitado el gozo y el entusiasmo que Dios quería que yo experimentara y potencialmente, habría limitado mi efectividad. ¡El temor es un ladrón del gozo! El temor es una trampa, pero podemos tener la determinación de no caer en ella. Si el desconocimiento del futuro o el enfrentar nuevas cosas nos causa temor o miedo, recordemos Flp. 4:13, que dice: "Todo lo puedo en Cristo que me fortalece."

Disfrutar de la vida comienza por disfrutar de uno mismo. Usted es la única persona de la que nunca podrá escapar, de manera que es mejor que comience a gustar de sí mismo. Es imposible amar la vida si no nos amamos a nosotros mismos. Tenemos un depósito de cosas maravillosas dentro de nosotros, y no importa que esté sucediendo alrededor, podemos hallar gozo aferrándonos a la esperanza que es nuestra en Jesucristo.

Habrá siempre obstáculos que tratarán de impedir que gocemos de la vida que Dios nos ha provisto. Con todos los

> *Podemos elegir estar en control, en lugar de dejar que las circunstancias nos controlen.*

estreses y presiones de la vida diaria, debemos decidirnos a disfrutar de la vida sin importar las circunstancias. Cada día está lleno de situaciones que pueden molestarnos, como perder las llaves del auto o un electrodoméstico dañado, pero podemos elegir estar en control, en lugar de dejar que las circunstancias nos controlen.

Contrólese a usted mismo, no a los demás

Podemos hacer estresantes nuestros días tratando de controlar lo que hacen los demás. Hubo una época en la que yo me molestaba y sentía pena por mí misma cuando Dave quería ir a jugar golf. Yo no jugaba, y no quería que él jugara tampoco. Me comportaba egoístamente y no me daba cuenta de que el jugar golf era una forma de relajación para Dave. Yo solo quería controlarlo todo y hacerlo a mi gusto. Si usted es como yo era, este es un buen momento para enfrentarlo y pedirle a Dios su ayuda para cambiar, es el momento de controlarnos a nosotros mismos en lugar de a otros.

No es la voluntad de Dios para ninguno de nosotros el controlar a otras personas, Él quiere que cada uno sea guiado y dirigido por el Espíritu Santo. Podemos expresar nuestras preferencias si lo hacemos sin egoísmo, y no debemos tratar de manipular ni controlar. Hacer lo contrario es una de las mayores causas de estrés en las relaciones y puede finalmente conducir a divorcios, si no se toman medidas correctivas.

¡Podemos disfrutar de libertad en nuestras vidas! Ser libres, y dejar a otros serlo, es una saludable y positiva forma de abordar la vida, y agrada a Dios. Si está en una relación con alguien que trata de controlarle, es necesario, para su bien y el de la otra persona, que la confronte de manera firme pero piadosa. Yo crecí siendo controlada por mi padre, y todo lo que recuerdo de aquellos años es estrés y miedo. Estos enemigos me robaron mi niñez, y quiero asegurarme que no se roben la suya. Afortunadamente, aprendí a darle libertad a Dave y él hace lo mismo por mí, trayendo paz a nuestra relación y ayudándonos a disfrutar nuestra travesía por la vida.

¿Podemos estar contentos si todavía nos falta un gran trecho por recorrer?

La expresión "nadie es perfecto" se usa y se escucha casi a diario, y es cierta. Yo no soy perfecta, usted no es perfecto, nadie es perfecto. Sin embargo, estamos mejorando y vamos en camino a las metas que Dios ha dispuesto para nosotros. Lo importante a recordar aquí, es que vamos bien, aunque no seamos perfectos todavía. Que no hayamos llegado a la meta todavía no quiere decir que no estamos en camino, y eso es en lo que podemos regocijarnos aunque aún nos falte un largo trecho por recorrer.

Es cierto que a todos nos falta mucho por andar en diferentes áreas de nuestras vidas. Yo usualmente me desalentaba al contemplar cuán lejos tenía que ir y parecía que me lo recordaban cada día (a veces cada hora). Por muchos años, cargué con una agobiante sensación de fracaso, la sensación de que yo no era quien necesitaba ser, que no estaba haciendo las cosas suficientemente bien y que necesitaba esforzarme más. Pero cuando me esforzaba más, solo fracasaba otra vez.

He adoptado una nueva actitud: "No estoy donde debo estar. Pero gracias a Dios, ya no estoy donde solía estar, ¡estoy bien, y estoy en camino!". Ahora sé con todo mi corazón que Dios no está molesto conmigo porque no he llegado todavía, que Él está agradado porque estoy continuando, perseverando y manteniéndome en el camino, ¡y lo mismo se aplica a ustedes! Si "seguimos siguiendo", Dios estará agradado con nuestro deseo de agradarlo. Sigamos adelante simplemente dando un paso a la vez. Es importante recordar esto, es cierto que debemos seguir adelante, pero debemos dar gracias a Dios de que no tenemos que odiarnos o rechazarnos a nosotros mismos mientras intentamos llegar a nuestro destino. No tenemos que estar estresados por cuán lejos tenemos que ir todavía, todo lo que necesitamos es seguir andando. Si le invitara a caminar, pensaría que estoy loca si me enfado por no haber llegado al destino después de dar los primeros pasos. Podemos entender cosas normales como estas, pero tenemos dificultad en entender que Dios espera que nos tome un tiempo crecer espiritualmente. Debemos tener esto en mente no solo en relación a nosotros, sino con nuestras actitudes y tratos con otras personas.

El proceso puede ser difícil; nunca es fácil crecer y aprender, pero los cambios nos hacen ser mejores gentes. Empezamos a pensar diferente, a hablar diferente, y finalmente a actuar diferente. Este proceso se desarrolla en etapas, y siempre debemos recordar que mientras esté sucediendo, podemos tener una actitud de "¡estoy bien, y estoy en camino!". Es trágico no disfrutar de nuestra travesía por la vida. ¡Solo tenemos una vida y debemos sacar el máximo de ella!

Así que disfrute mientras está cambiando, creciendo y haciéndose más como Cristo. Disfrute de dónde está mientras se dirige a donde va. ¡Disfrute del viaje! No malgaste sus "ahora" por tratar de correr hacia el futuro, recuerde, el mañana tendrá problemas propios (Léase Mt. 6:34).

Y es importante recordar que puede ser extraordinariamente feliz mientras vive vidas normales. Esperar que la vida sea una larga serie de hechos emocionantes es prepararse a ser desilusionado ¡y eso va a estresarlo y robarle el gozo! Así que decida estar contento y vivir la vida como viene. En casa, lo llamamos "ir con la corriente". Disfrutará cada día si así lo decide. No espere por sensaciones de gozo, pero decida y estas llegarán a su debido tiempo. Comience sus días diciendo "este es el día que el Señor ha hecho. Me voy a regocijar en él. ¡Buenos días, Señor!" (Léase Sal. 118:24).

Hoy puede estar luchando con la ira, el miedo o la amargura, pensando que si pudiera ser libre en esa área, todo estaría bien, pero en verdad, todos estamos usualmente lidiando con algo. Superamos una cosa sólo para encontrar otra cosa que ha tomado su lugar y nos vemos de regreso al mismo estado mental, pensando: *Si no tuviera este problema, sería feliz.* Podemos aprender a mirar todo esto de una nueva manera, podemos ser libres para creer que estamos ciertamente, bien y en camino, imperfectos aún, pero siguiendo adelante. Podemos ser libres para disfrutar la vida, disfrutar de Dios, y disfrutar de nosotros mismos. Ahora estoy disfrutando mucho de la victoria sobre cosas que fueron grandes problemas para mí, pero aún estoy aprendiendo a ayunar de mis palabras, a ser más paciente, ser menos egoísta y muchas otras cosas más. No tenemos que enfocarnos en cuán lejos todavía debemos ir y dejar que eso nos robe el gozo y nos estrese. ¡Podemos celebrar cuán lejos hemos llegado, podemos disfrutar la travesía!

Cómo disfrutar de la vida aún en medio del dolor

Horatio Spafford (1828-1888) fue un acaudalado abogado de Chicago, tenía una esposa y cuatro preciosas hijas. Todo parecía ir bien para él, su escritorio jurídico estaba prosperando, su familia era feliz y siendo un firme creyente, su círculo de amigos incluía a D.L. Moody, Ira Sankey y otros conocidos ministros de la época.

Aunque Spafford había hecho enormes ganancias profesionales y financieras, también había sufrido grandes pérdidas personales. En octubre de 1871, el Gran Incendio de Chicago destruyó casi todas las propiedades inmobiliarias que tenía. Pero de forma típica Horatio no se dejó amilanar. Él y su esposa, Anna, se hicieron voluntarios y ayudaron trabajando por dos años para los refugiados del incendio.

Dos años después, la tragedia volvió a golpear. La familia Spafford había planeado reunirse con amigos en Europa para pasar algún tiempo fuera. Justo antes de partir, Horatio se vio demorado por asuntos de trabajo, y persuadió a Anna y a las niñas de que se fueran adelante sin él, y que tomaría otro barco y les alcanzaría después. Pero Horatio no vería a sus hijas nunca más. Mientras viajaban por el atlántico en el barco de vapor *Ville du Havre*, este colisionó con otro barco y se hundió. De los cientos de pasajeros a bordo, Anna fue una de solo veintisiete sobrevivientes.

Pudo permanecer con vida aferrada a restos flotantes hasta que los rescatadores llegaron. Sumida en la tristeza, ella le envió un telegrama a Horatio diciendo "Rescatada sola". Triste como puede ser esta historia, lo asombroso de la respuesta de Horatio es lo que quiero que vean. Cruzando el Atlántico, tumba oceánica de sus cuatro hijas, para reunirse con su doliente esposa, Horatio Spafford no se enojó, no se dio por vencido en la esperanza, ni huyó de Dios. En lugar de esto, tomo pluma y papel y escribió un himno, escribiendo estas familiares palabras:

> *Cuando la paz como un río vaya por mi senda*
> *Cuando las penas se muevan como olas marinas,*
> *Cualquiera que sea mi suerte,*
> *Tú me has enseñado a decir:*
> *Todo está bien, todo está bien en mi alma*

"*Todo está bien en mi alma*" (Título original en inglés "*It is well with my soul*", mejor conocido en la iglesia protestante de habla hispana como "*Estoy bien con mi Señor*", o "*Alcancé salvación*") es todavía uno de los más queridos himnos en las iglesias de hoy. Que sensación tan maravillosa. En la más difícil circunstancia imaginable, Spafford se apoyó en el Señor y confió en que las cosas podían ir mejor. Seguro, estaba dolido, y ciertamente había sufrido una pérdida, pero aún en medio de ese dolor pudo decir "todo está bien en mi alma".[1]

Entiendo que no sé cuán profunda es su pena hoy, puede que haya sufrido una pérdida tan impensable como la de Horatio y Anna, o su prueba tal vez haya sido menos severa. Sea lo que sea aquello por lo que esté pasando, el dolor es dolor, y sé que puede parecer apabullante. A menudo en medio de la pena, pensamos que es imposible disfrutar de la vida, no solo en el presente, sino nunca más. He experimentado pérdidas y puedo identificarme con esto. Pero he aquí algo que he aprendido: una prueba o una pérdida personal no tienen que ensombrecer cada parte de nuestras vidas. Podemos todavía tener alegría aún en medio de la pena. Como dijimos en un capítulo anterior, la alegría no es siempre extrema hilaridad, a veces, la alegría es un calmado deleite. Y podemos deleitarnos en Dios y en su Promesa de siempre estar conmigo (Léase Dt. 31:6), aún en los momentos difíciles... *especialmente* en los momentos difíciles.

La clave es confiar. Dios sabe por lo que estamos pasando, y si confiamos en Él,

> *Dios sabe por lo que estamos pasando y, si confiamos en Él, nos restaurará nuestro gozo.*

nos restaurará nuestro gozo. Cuando oigo malas noticias o cuando las cosas parecen irse fuera de control, digo en voz alta: "Dios, confío en ti". No sé cómo saldrán las cosas, o cómo voy a superarlas, pero sé que Dios puede hacer lo imposible. Y cuando me preocupo, o cuando el estrés trata de robarse mi paz, digo de nuevo: "Dios, confío en ti". He visto que este es un muy útil ejercicio. *Confío en ti... Confío en ti... Confío en ti.* Puede que lo diga veinte veces seguidas, pero es un recordatorio para mi espíritu de que Dios va a sacar algo bueno de esta situación. En Romanos 8:28 lo dice de esta manera:

> "Sabemos, además, que a los que aman a Dios, todas las cosas los ayudan a bien, esto es, a los que conforme a su propósito son llamados".

Así que lo animo a confiar hoy en Dios. Él sabe por lo que está pasando, y tiene un plan para su vida. No importa lo que las circunstancias digan, Dios está de nuestro lado, y Él va a llevarnos a través de esto. No se enoje, no abandone la esperanza y no huya de Dios. Confíe en Él y permítale ayudarle a disfrutar de su vida, aún en medio del dolor.

Elegir la felicidad

Empezamos este capítulo hablando de cómo mi esposo Dave elige disfrutar su vida, sin importar el ambiente que lo rodea. Y quiero terminarlo recordando que podemos hacer lo mismo. No tenemos que dejar que el estrés diga la última palabra. Cuando otros en torno a nosotros estén enfurecidos, cuando la situación luzca sombría, cuando el frenético ritmo de la vida sea agotador, podemos todavía decir: "Yo elijo disfrutar mi día, elijo disfrutar de mi familia. Elijo disfrutar de mi vida". No pareciera natural al principio, pero no se rinda. Pienso que a veces nos sentimos culpables si disfrutamos de la vida cuando existen problemas, y no deberíamos sentirnos así. Recordemos, nuestro gozo (disfrute) es nuestra fuerza para ayudarnos a superar la dificultad.

Sigamos eligiendo la felicidad hasta que se nos haga natural hacerlo. Esto podrá molestar a los demás en torno nuestro al principio. La gente feliz es la excepción, no la regla, pero eventualmente se acostumbrarán. Admirarán nuestra determinación y seguirán nuestro ejemplo, pero lo más importante, es que nos empezaremos a sentir mejor, definitivamente sentiremos menos estrés, las luchas y presiones diarias de la vida no nos preocuparán más. Definitivamente, disfrutaremos de la vida por la cual Jesús murió para darnos.

Para recordar

➤ La paz y la felicidad no ocurren por accidente, son opciones que podemos elegir.

➤ No importa cuán grande o pequeño sea el estrés que enfrentamos, podemos disfrutar de nuestras vidas, cada día.

➤ El temor es un familiar cercano del miedo, y permitirle que permanezca en nuestra mente nos acondiciona para estar tristes y nos roba el gozo. Para disfrutar de nuestras vidas, es esencial que prestemos atención a nuestras actitudes.

➤ Esperar que la vida sea una larga serie de hechos emocionantes es prepararse a ser desilusionados, ¡y eso va a estresarnos y robarnos el gozo!

➤ Confiemos en Dios en medio de las pruebas. Él sabe por lo que estamos pasando; Él no nos ha dejado; Él tiene un plan para nuestras vidas.

¿Sabía que...?

El estímulo exagerado del sistema de respuesta del cuerpo puede causar insomnio crónico.[2]

MANTENGA
LA CALMA
Y
HAGA ALGUNOS
CAMBIOS

CAPÍTULO 12

¡Enfrente el estrés con la cabeza en alto!

"Cuanto más cosas haga, más cosas puede hacer".
—Lucille Ball

Una de las mejores cosas que podemos hacer en la vida es tener un plan. Para poder avanzar en cualquier área, es importante hacer un plan y ponerlo en práctica. Habrá momentos en los que tengamos que ajustar y alterar el plan (y siempre es esencial que sometamos nuestros planes a Dios), pero no podremos tener éxito a menos que lo hayamos planeado, de una forma u otra.

Imagínese que un entrenador le dice a su equipo, antes de un gran juego, lo importante que es ganar porque la temporada entera depende de ese único juego, pero cuando los jugadores le preguntan cuál es el plan, él responde: "Bueno, no lo sé. La verdad es que no tengo ningún plan. Sólo háganlo lo mejor que puedan". Eso no tendría sentido. Ese entrenador está predisponiendo a su equipo, y a él mismo, al fracaso.

O imagínese que una madre, que le dice a sus hijos que la universidad es costosa, insista en que sus ellos asistan a dicha universidad cuando se gradúen de secundaria, pero cuando los hijos le preguntan cómo costearán eso, ella les responda: "Oh, no lo sé. Su padre y yo nunca hemos planeado eso. Pero igual tiene que ir". Eso sería algo frustrante y

> Con la ayuda de Dios, podemos atacar el estrés, en vez de relajarnos y esperar que el estrés nos ataque.

posiblemente aterrador para los hijos. ¿Cómo cumplirían la tarea, si no existe ningún plan?

Hacer un plan es tomar acción, y actuar es importante. No podemos quedarnos en pasividad y solo desear que el estrés se vaya. No pasa nada cuando asumimos una actitud pasiva. Es importante que seamos activos en nuestra fe, para poder ver un avance espiritual y emocional. Es por eso que yo creo que, con la ayuda de Dios, podemos atacar el estrés, en vez de relajarnos y esperar que el estrés nos ataque. Podemos planear los cambios en nuestra vida que aumentarán nuestro gozo y disminuirán nuestro estrés.

Cuando pensé por primera vez en este libro, cuando ni siquiera había escrito una palabra sabía que deseaba que fuera un texto muy, muy práctico. Muchas personan sufren de estrés diariamente, así que quería asegurarme de ofrecer soluciones de la vida real que se pudieran poner en práctica todos los días. Este capítulo no es la excepción. Una cosa es hablar de lo importante que es actuar…y otra muy diferente crear un plan y ejecutarlo. Así que eso es lo que quiero ayudarle a hacer en las próximas páginas: ¡hagamos un plan, juntos!

Las sugerencias que planteo a continuación son acciones sencillas con base en las escrituras y que se pueden poner en práctica. Es un plan de siete puntos, pero no se sienta abrumado por el número de puntos de acción. Usted puede implementar sin problemas los siete cambios, o solo adoptar dos, o tres. No se trata del número de cosas que usted puede hacer…se trata de hacer *algo*. Con la ayuda de Dios, usted puede personalizar el plan de acción para su vida, y comenzar a reducir el estrés de inmediato.

1. Comience el día dedicándole tiempo a Dios

Demasiada gente comienza en día en un estado de pánico: apretando el botón de repetición, corriendo, olvidándose de las cosas y comiendo en el camino. No es necesario que nos preguntemos por qué están estresados. Si dedicamos un poco de tiempo al principio del día para dedicárselo a Dios, tendremos una base sólida para el resto del día. Realmente podemos comenzar a combatir el estrés del día, incluso antes de que aparezca, dedicándole tiempo a Dios y a su Palabra.

Juan 10:10 nos dice que Jesús vino para que tengan vida, y para que la tengan en

> Dios no quiere ser solamente el botón que apretamos cuando tenemos una emergencia

abundancia". ¡Qué promesa tan maravillosa! Dios nos ha dado el don de la vida y Él quiere que lo disfrutemos. Lo mejor que podemos hacer para disfrutar la vida es tener una relación cercana, personal, con Dios. Pero para llegar a ese punto, debemos pasar tiempo con Él. En realidad no es tan complicado: mientras más tiempo pasamos con alguien, más cerca nos sentimos de él o ella. Lo mismo pasa con Dios. Dios no quiere ser solamente el botón que apretamos cuando tenemos una emergencia. ¡Él quiere ser nuestro mejor amigo! La verdad es que sin esa relación, viviríamos en una emergencia permanente. Es solo cuando tenemos a Dios en nuestra vida, ayudándonos y protegiéndonos, que podemos disminuir el estrés y disfrutar la vida.

Es increíble cuando pensamos en ello: tanto usted como yo podemos pasar tanto tiempo con Dios como queramos. Tenemos una invitación abierta para invitar al Creador del universo a nuestras vidas, todos los días. Podemos empezar el día hablándole personalmente, y leyendo sus promesas e instrucciones. Si aún no lo está haciendo, esto es algo que definitivamente debería añadir a su plan de acción.

2. Ejercítese

Mucha gente me dice que no tiene tiempo para ejercitarse, pero he descubierto que siempre podemos encontrar tiempo para las cosas que realmente importan. Si encontramos tiempo para ver una película en la televisión, o para hablar por teléfono, podemos apartar un tiempo para ejercitarnos y cuidar de los cuerpos que dios nos dio. Cuando decimos: "Bueno, no tengo tiempo para hacer ejercicios", lo que realmente queremos decir es: "No es una prioridad para mí". Bien, si eso no ha sido una prioridad para usted, es hora de mover los ejercicios más arriba en su lista de prioridades, porque cualquier tipo de ejercicios, y es importante encontrar un tipo de ejercicio que usted disfrute, ayuda a disminuir el estrés en su vida.

Si quiere inscribirse en un gimnasio, o si tiene equipos de gimnasio en su casa, genial, pero, afortunadamente, los gimnasios no son los únicos lugares donde podemos ejercitarnos. Hay cientos de formas de hacer un buen ejercicio, y muchas de ellas no cuestan dinero, ni requieren un equipo especial, ni interfieren con nuestra rutina. Sé que si voy a hacer ejercicios, es crucial que sea algo que me guste hacer, y debe ser algo que pueda incluir en mi rutina diaria…incluso en mis días más ocupados.

Es por ello que, además del ejercicio "tradicional", es bueno mantener nuestro cuerpo activo de la mayor cantidad de maneras posibles. Quizás podamos caminar a casa de un amigo en vez de ir en auto (si lo piensa, Jesús fue quizás el caminador más grande de todos los tiempos. Recorría habitualmente una distancia de unas setenta millas, desde Galilea hasta Jerusalén). Podríamos utilizar una podadora manual, en vez de una montable. Si usted, como mucha gente, trabaja frente a un escritorio o una computadora todo el día, busque la manera de levantarse con frecuencia y mover el cuerpo.

Cuando sintamos estrés, una de las mejores cosas que podemos hacer es bastante sencilla: ¡movernos! El ejercicio es una solución física formidable al problema del estrés. Quema la adrenalina extra que produce nuestro cuerpo y nos devuelve a un estado de relajación, lo que significa que seremos capaces de pasar la noche durmiendo, y no agitados. Cuando mencionamos la palabra "ejercicios", la mayoría de la gente se estremece, pero realmente son un calmante para el estrés y un beneficio para la salud.

> *Cuando sintamos estrés, una de las mejores cosas que podemos hacer es bastante sencilla: ¡movernos!*

Yo he estado trabajando regularmente con pesas por diez años, pero recientemente añadí todas las caminatas diarias que pudiera, y de verdad me ha sorprendido la energía física y mental que me ha proporcionado. Cuando eliminamos el estrés, y el ejercicio siempre hace eso, siempre sentimos mayor energía.

Eso nos lleva al tercer punto de nuestro plan de acción.

3. Asegúrese de dormir lo suficiente

La cura para muchos de los problemas que tenemos es dormir más. Si con frecuencia se siente frustrado, si se enferma mucho, si se siente sensible o todo el tiempo siente que está al borde de un colapso, lo primero que debe preguntarse es: "¿Estoy durmiendo lo suficiente por las noches?". Si por las noches no dormimos las ocho horas recomendadas, nuestra mente no funcionará adecuadamente y nuestro sistema inmune se puede ver comprometido.

Creo que es fascinante que Dios creara nuestros cuerpos con la habilidad (y la necesidad) de apagar todo y dormir. Entramos en un estado de restauración y renovación durante el sueño, que nos prepara físicamente, emocionalmente y mentalmente para el día siguiente. Algunas personas tienen problemas para dormir y necesitan suplementos o medicamentos, pero la mayoría de las veces, nuestra falta de sueño tiene que ver con la falta de disciplina. Nos quedamos despiertos hasta altas horas de la noche haciendo otras cosas, y simplemente no planeamos tiempo suficiente para dormir.

Aprender a planear nuestras actividades nocturnas (incluido el tiempo de inactividad) nos ayuda a dormir mejor. Yo necesito entre tres y cuatro horas para relajarme antes de irme a dormir. Cuando puedo disfrutar de ellas, duermo muy bien el 99,9% de las veces. He desarrollado una disciplina de irme a dormir a las 9:00 p. m. y levantarme a las cinco de la mañana, a menos que esté viajando y enseñando, y me ha funcionado bastante bien. Creo que esa es una de las razones por las que me siento tan bien, y por las que puedo lograr todo lo que puedo durante el día. Ahora, mi horario probablemente no le resulte a usted, y no estoy sugiriendo que usted haga exactamente lo que yo hago, pero e importante establecer una hora para irse a dormir y tratar de disfrutar de una cantidad saludable de sueño todas las noches.

Muchas de las personas con las que hablo están cansadas y hablan de la necesidad de descansar, o tener tiempo libre o tiempo para ellos mismos. Pero recuerde, hablar es permanecer en la pasividad y no nos ayuda a mejorar nuestra salud. Debemos actuar. Desarrolle el hábito de dormir de forma regular, y disfrutará mucho más de la vida.

4. Tómese unas vacaciones

Anteriormente hablamos del hecho de que muchas personas no se toman vacaciones, y estoy convencida de que esto es un error. Y es un error que contribuye grandemente con la ansiedad y la frustración que sentimos con frecuencia en nuestras vidas. No importa cuán ocupado esté, o cuán apretado esté su presupuesto, es muy importante tomar tiempo para alejarse del trabajo, o de la rutina, y divertirse.

Disfrutar de unas vacaciones es una manera de luchar contra el estrés. Es un evento planeado y ejecutado estratégicamente, que renovará automáticamente su mente y su cuerpo. No es necesario gastar mucho dinero ni recorrer la mitad del mundo; de hecho, algunas veces, las mejores vacaciones son las "quedaciones", cuando nos quedamos en casa y simplemente disfrutamos de las actividades locales y las cosas divertidas que se llevan a cabo en nuestra comunidad. Sea lo que sea que decida hacer, viajar por el país, acampar, ir a los parques temáticos, quedarse en un hotel de lujo, pasar una semana en casa en pijamas, ir a la playa; trate de disfrutar su tiempo libre. Si es posible, resista el impulso de contestar correos de trabajo, responder llamadas de los clientes, pagar las facturas, o realizar cualquiera de las actividades que normalmente se asocian con el estrés en su vida. Cuando esté de vacaciones…esté de vacaciones. ¡No haga tanto en vacaciones que necesite salir de vacaciones por las vacaciones!

Soy una persona muy trabajadora, y de verdad lo disfruto. Pero sé que es importante no fatigarme. He aprendido a planear y programar días en los cuales no hago nada relacionado con el trabajo. Es la opción saludable y, a la larga, me hace una trabajadora mejor y más productiva. Si yo puedo tomarme unos días libres, usted también. No permita que las presiones de su vida diaria sean lo único que experimente. Encuentre maneras de salirse de la rutina y disfrutar de lugares y experiencias nuevas. Las vacaciones son más que un beneficio que ofrece la empresa, en un beneficio que ofrece la vida. Incluso un "día de vacaciones" puede ser de gran beneficio.

5. Dese una recompensa

Le sorprendería el poder motivacional e inspiracional que puede tener una simple (incluso tonta) recompensa. Existe una razón por la cual los niños aman las recompensas...¡funcionan! Regalarse una cena o comprarse ese par de zapatos nuevos que quería después de haber alcanzado una meta, puede ser un modelo motivacional muy obvio, pero es algo muy divertido. Y no hay nada malo con divertirse un poco. Nunca debemos olvidar que Dios se complace cuando cuidamos de nosotros mismos y disfrutamos la vida que Él nos dio. Ante sus ojos, nos merecemos una recompensa.

Cuando estemos fijando metas a corto y largo plazo para nuestra vida, creo que también es una buena idea escribir algunas recompensas apropiadas para nosotros. Esto nos dará algún tipo de motivación cuando estemos luchando por terminar esos últimos minutos en la caminadora, o cuando nos obligamos a estudiar para ese examen. "solo treinta minutos más, y me regalaré esa salida al cine".

Asegúrese de que la recompensa sea adecuada para el reto grandes recompensas por haber alcanzado grandes metas, y beneficios más pequeños para las misiones más pequeñas del día a día. El solo saber que estamos alcanzando nuestras metas con éxito bastará para motivarnos pero, de todas maneras, dese una pequeña recompensa. Es un gran reductor de estrés.

Yo hago lo que le animo a hacer. Cuando me senté a escribir hoy, planeé ponerme a escribir por cinco horas y luego salir al patio a compartir con mi hijo y uno de sus amigos que están asando pescado y carne para la cena. Cosas como esta nos dan algún tipo de motivación, en medio de nuestro trabajo.

Celebrar es muy importante. Las celebraciones y las fiestas nos ayudan a ver lo que hemos logrado y nos preparan para los

> *La Palabra de Dios está llena de bendiciones, promesas, festines y celebraciones...su vida también puede estarlo.*

retos futuros. También les permiten a nuestros familiares y amigos saber cuan importantes son nuestras metas para nosotros, y recibir su apoyo siempre es útil. La Palabra de Dios está llena de bendiciones, promesas, festines y celebraciones...su vida también puede estarlo.

6. Evalúe sus influencias

Permítame hacerle dos preguntas importantes: (1) ¿Quién o qué, personas, libros, música, eventos, opciones de entretenimiento, está influyendo en su vida? (2) ¿Esa influencia hace su vida más estresada o menos estresada? Porque las respuestas a esas dos preguntas ayudan mucho a determinar el tipo de vida que usted va a vivir.

David se rodeó de hombres poderosos (ver 2 Sam. 23). Él sabía que para ser un guerrero y líder exitoso, necesitaba tener a su alrededor personas que lo animaran, lo ayudaran, y lo fortalecieran. Lo mismo aplica para usted y para mí. Necesitamos gente en nuestra vida que sea beneficiosa, gente que nos anime, ayude y fortalezca.

Ahora, hay ciertas personas y cosas que no podemos evitar encontrarnos en el trascurso del día. No podemos escoger a nuestros compañeros de trabajo y todos enfrentamos situaciones estresantes sin querer. Pero muchas de las personas y cosas estresantes de nuestras vidas las escogemos nosotros. Es decir, mucho del estrés que enfrentamos se debe a que le abrimos la puerta principal y lo dejamos entrar. Es por ello que es importante evaluar regularmente quién o qué está influyendo en nuestras opiniones, sentimientos, y mentalidad, porque estas personas o cosas pueden estar aumentado o disminuyendo nuestros niveles de estrés. Una vez tenía una amiga, con la cual pasaba mucho tiempo, que tenía tendencia a hacer pucheros si todo no salía exactamente como ella quería. Era muy difícil para mí lidiar con su personalidad, porque soy una persona conciliadora, así que cada vez que se ponía pesimista, yo sentía que era mi responsabilidad solucionarlo. La única manera de hacerlo era asegurarme de que siempre recibiera lo que deseaba y eso me hacía sentirme manipulada.

Para mí, la relación no era saludable desde el punto de vista emocional, y era muy estresante. Finalmente me di cuenta de que necesitaba no involucrarme tanto en su vida para poder reducir mi nivel de estrés. No era fácil tomar esa decisión porque no quería que estuviera molesta conmigo, pero finalmente lo hice. Quizás usted esté en relaciones que son estresantes, y aunque no pueda simplemente salir de todas ellas, si existen algunas que pueda eliminar, es sabio hacerlo para disminuir sus niveles de estrés.

Con mucha frecuencia, las decisiones que tenemos que tomar para reducir nuestro estrés no son fáciles, pero a la larga los beneficios sobrepasan las dificultades.

7. Haga menos, no más

¿Tiene demasiadas cosas que hacer? Esta parece ser una de las quejas principales que escucho el día de hoy. Cuando le pregunto a la gente como están, un 80 por ciento me contesta "ocupado". El sentido común nos dice que Dios no nos va a estresar ni nos va a lleva a hacer más de lo que podemos. Por lo tanto, si somos guiados por el Espíritu de Dios diciendo sí, cuando Él dice que sí, y no, cuando Él dice que no, seremos capaces de lograr lo que Él quiere que logremos y vivir en paz. ¿Necesita decir que no con mayor frecuencia? Debemos estar seguros que cuando nuestros corazones dicen que no, nuestra boca no esté diciendo que sí. A veces, tratar de mantener felices a los demás, nos puede hacer muy infelices. Una persona que solo se preocupa en complacer a los demás, debe asegurarse de que lo que está haciendo complace a Dios y no solo a la gente.

Se nos dio el poder del Espíritu Santo para vivir libres de estrés. Dios, sin embargo, no honrará la desobediencia. Si Él nos está diciendo que no hagamos algo que nosotros igual decidimos hacer, sufriremos el dolor de perder su unción. La gracia iguala la habilidad. Dios nos da la gracia para cumplir nuestro llamado. Cuando hacemos lo que nos plazca, lo hacemos por cuenta propia. Cuando seguimos su guía, Él siempre nos da la energía.

¿Recuerda cuando Dios le prometió a Abraham y a

Sara que tendrían un hijo? Ellos se le adelantaron a Dios e implementaron un plan propio cuyo resultado fue Ismael. Finalmente, Dios cumplió su promesa o Isaac nació, pero estoy segura de que el hecho de no esperar en Dios les originó montón de estrés y tristeza. El nombre Ismael significa "hombre de guerra". El nombre Isaac significa "risa". Podemos discernir por el nombre que niño trajo descanso y gozo y cual trajo luchas y estrés. Ismael representa las obras de la carne, que siempre nos producen luchas y estrés. Isaac, sin embargo, representa la espera en las promesas de Dios, que requieren fe y siempre nos traen descanso.

¡Dios quiere que nos encendamos, no que nos consumamos! El apagamiento es el resultado de la fatiga física y emocional, especialmente como resultado de un estrés prolongado. El estrés consume nuestros cuerpos, nuestro sistema inmune se debilita y pueden aparecer las enfermedades (incluso la depresión). La fatiga ocasiona que nos "salgamos de control" y no produzcamos buenos frutos. Ignorar las instrucciones de Dios causa fatiga. No podemos sobrecargar nuestra mente, nuestras emociones y nuestro cuerpo sin finalmente pagar el precio por el exceso. ¿A qué ritmo se mueve usted? ¿Es ese el ritmo que Dios ha establecido para usted, o es el ritmo de alguien más? ¿Está usted estresado por tratar de quedar bien con todo el mundo? ¿Es usted el tipo de persona complaciente, que hace felices a otros a expensas de su propia paz? ¿Se preocupa usted mucho? Hubo una época en mi vida en la cual la mayoría de estas cosas representaban un problema para mí, pero afortunadamente, fui capaz de ver que podía cambiarlo.

Creo que podemos llevar una vida libre de estrés en un

mundo estresante, pero requerirá que tomemos algunas decisiones, posiblemente algunas decisiones radicales. Deje que el Espíritu de Dios lo saque de un estilo de vida estresado y lo lleve a uno lleno de paz y gozo.

Para recordar

➤ Es importante actuar. Sentarnos pasivamente, esperando que el estrés desaparezca, no funcionará. Pídale a Dios que le ayude a hacer un plan y luego póngalo en práctica agresivamente.

➤ Podemos combatir el estrés del día incluso antes de que comience, dedicando tiempo para hablar con Dios y leer su Palabra.

➤ El ejercicio, uno de los mejores calmantes del estrés, que existen, no tiene por qué ser costoso o agotador. Encuentre una actividad física que disfrute hacer e inclúyala en su rutina regularmente.

➤ Si se siente frustrado con frecuencia, si se enferma mucho, si está sensible o a punto de explotar todo el tiempo, si está tenso y se irrita con facilidad, es posible que lo primero que deba preguntarse sea: "¿Estoy durmiendo lo suficiente por las noches?".

➤ Las vacaciones son un evento estratégicamente planeado y ejecutado, que finalmente renovará nuestra mente y nuestro cuerpo.

➤ Las recompensas nos ayudan a celebrar lo que hemos logrado y nos preparan para los nuevos retos del futuro.

➤ ¿Quién o qué está influyendo en sus opiniones, sentimientos y puntos de vista? Porque estas personas y estas cosas pueden estar aumentando o disminuyendo sus niveles de estrés.

➤ ¡Dios quiere que nos encendamos, no que nos consumamos!

MANTENGA
LA CALMA
Y
VEA LAS COSAS
DE FORMA
DIFERENTE

FORMAS SENCILLAS DE DESESTRESARSE

✓ Haga una lista de cosas por la que se sienta agradecido
✓ Tome más agua
✓ Tómese la tarde libre
✓ Baje el ritmo
✓ Bloquee a la gente negativa de sus noticias de Facebook
✓ Reevalúe su agenda
✓ Organícese
✓ Piense en algo agradable
✓ Perdónese
✓ Sonría más
✓ Termine un proyecto antes de empezar otro
✓ Haga algo que disfrute

CAPÍTULO 13

Vea las cosas de forma diferente

"La calma es la cuna del poder".

—J. G. Holland

La perspectiva de una persona con respecto a una situación generalmente cambia cuando comienzan a entender o ver algo que no habían visto antes. Un punto de vista nuevo, con frecuencia, produce una nueva actitud:

- Un niño escandaloso en un cine puede ser molesto, pero cuando nos enteramos de que tal niño tiene necesidades especiales, nuestra perspectiva cambia... y nos volvemos más pacientes.

- Podemos sentirnos agraviados por la mesera grosera que nos preparó mal el café, pero cuando nos dicen que su esposo le pidió el divorcio esa misma mañana, nuestra perspectiva cambia, y nos tomamos el tiempo de tratar de animarla.

- Es posible que esté molesta con su amiga que no ha querido reunirse desde hace dos semanas para desayunar con usted, como es lo habitual, pero cuando ella le explica que ha cambiado su dieta porque está entrenando para correr una maratón, usted adquiere una nueva comprensión.

Como puede ver, la información nueva nos da una nueva perspectiva. Y así como estos ejemplos, una perspectiva nueva es exactamente lo que necesitamos cuando nos enfrentamos al estrés. Así que permítame darle dos ideas que espero le puedan dar una perspectiva nueva:

Pensamiento 1: El diccionario describe el *estrés* como una tensión "mental, emocional o física; presión, preocupación". Yo le añadiría: "sentirse presionado o alterado". Es una condición que la mayoría de nosotros conoce demasiado bien. Es una parte normal de la vida diaria, y ninguno de nosotros puede pasar el día sin enfrentarse a él de una u otra forma.

Vivimos en un mundo acelerado que nos exige cada vez más. La mayoría de los individuos siempre están apurados, y con frecuencia son groseros e impacientes. Mucha gente sufre de estrés financiero, estrés conyugal, y estrés que resulta de criar a sus hijos. Existe estrés mental en el trabajo y quizás estrés ocasionado por el trabajo en exceso. Muchas veces este estilo de vida lleno de estrés genera problemas de salud, lo que solo añade más elementos de estrés.

Así que, resumiendo el Pensamiento # 1: el estrés está en todas partes, todos lo experimentamos, puede hacer que actuemos de forma poco inteligente, y contribuye con los problemas de salud. Ahora consideremos el Pensamiento # 2.

Pensamiento 2: El estrés no es algo exclusivo de esta generación, esta cultura, ni este tiempo histórico. Cada grupo cultural de la historia ha tenido que enfrentarse al estrés, desde el punto de vista relacional, financiero, mental y emocional. La Palabra de Dios está llena de historias de gente que enfrentó épocas extremadamente difíciles. Pelearon guerras, se enfrentaron a la persecución, sufrieron hambrunas y muchas otras cosas.

Como creyentes, esto debe hacer que observemos a los hombres y a las mujeres de la Biblia y veamos como manejaron el estrés, para poder aprender de su ejemplo. Piense en esto:

- ¿Cómo Daniel enfrentó los leones sin caer en pánico y sin gritar de terror?
- ¿Cómo Moisés se paró frente al faraón sin sufrir un ataque de ansiedad?
- ¿Cómo pudo Ruth permanecer en calma cuando su esposo murió y ella no tenía a dónde ir?
- ¿Cómo pudo Pablo predicar el evangelio enfrentando semejante oposición, sin ser vencido por el estrés?

Las que le acabo de describir son algunas de las situaciones más estresantes que pueden existir, pero estos hombres y mujeres de la Biblia eran valientes, confiados, y nunca se dejaron vencer por el estrés. Estoy segura de que lo sintieron, pero aprendieron a manejarlo.

Así que, ¿cuál es la diferencia entre nosotros, que regularmente cedemos ante el estrés que vimos en el Pensamiento 1, y los hombres y mujeres de la Biblia, que superaron el estrés que explicamos en el Pensamiento 2?

¡Perspectiva! Todo se trata de perspectiva.

Hasta este punto, nuestra perspectiva muchas veces ha sido que tenemos que manejar el estrés nosotros mismos, que debemos resolver el problema. Que debemos hallar la manera de eliminar esas cosas que nos llenan de estrés. Pero esta perspectiva de confiar solo en nosotros empeora las cosas. Nuestros cuerpos fueron creados para resistir una cierta cantidad de estrés, pero cuando sobrepasamos ese límite, comenzamos a tener problemas.

Personalmente conozco dos pastores que tenían unos ministerios vibrantes y en franco crecimiento. Fueron ungidos por Dios y ayudaban a miles de personas a encontrar a Dios y desarrollar su relación con Él. Pero estos dos hombres increíbles se excedieron demasiado, por demasiado tiempo, y terminaron sufriendo colapsos físicos y emocionales. Uno de ellos, aunque mejor, aún sufre las consecuencias físicas originadas del estrés que sufrió su cuerpo por largo tiempo. El otro hombre se ha recuperado, pero necesitará tomar ciertos medicamentos durante toda su vida debido a los daños que le causó el estrés.

> Ellos miraron al Señor, confiando en que Él les daría el fuerza, el coraje y la sabiduría que necesitaban.

Quizás nos preguntemos como esto le pudo pasar a estos ungidos de Dios. Ellos trabajaban duro en el ministerio y su deseo era ayudar a la gente, pero se excedieron demasiado.

Mucha gente está viviendo el día de hoy en un estado de sobrecarga permanente, literalmente, al borde del colapso. Un doctor una vez me dijo que yo había presionado mi acelerador personal hasta el fondo, y se había quedado atorado allí. Cuando nos llevamos hasta el límite, en algún momento rebotamos, como una banda elástica.

Pero los hombres y mujeres de la Biblia de los que hemos hablado: Daniel, Moisés, Ruth, Pablo; ellos tenían una perspectiva diferente. Sabían que no podían enfrentar la situación que enfrentaba con sus propias fuerzas, así que confiaron en Dios. Ellos miraron al Señor, confiando en que Él les daría el fuerza, el coraje y la sabiduría que necesitaban. Ellos no dudaron de que el Señor acudiría en su ayuda, y esta perspectiva era la razón de su confianza y lo que les dio la habilidad de sobreponerse al estrés cuando comenzaron a avanzar hacia su destino.

Justo esta mañana me encontraba en una situación que me gustaría compartir para demostrarles que observar un problema bajo una luz diferente puede evitar el estrés. Yo me encontraba en el automóvil con alguien. El conductor se pasó la salida de la autopista, lo que lo desorientó y lo hizo perderse durante un rato. Por supuesto, a esta persona le tomó tiempo reorientarse y se enojó muchísimo por el error que cometió. Su explosión emocional causó mucha más confusión, y obviamente la situación lo llenó de mucho estrés.

En el pasado, yo habría reaccionado exactamente como lo hizo este conductor, pero yo no sentía ningún tipo de estrés porque ya había tenido la oportunidad de aprender que cuando perdemos una salida o damos la vuelta en el sitio equivocado, enojarnos no nos hace ningún bien. También creo que todas las cosas obran para bien si confiamos en Dios, y quien sabe si a lo mejor nos salvamos de un accidente con lo que creímos que era un problema. El conductor y yo teníamos perspectivas diferentes sobre la situación. Una de ellas le abría la puerta al estrés y la otra se la cerraba.

En el mundo, pero no del mundo

Es cierto que el estrés nos rodea por todas partes, pero la buena noticia es que, al ser cristianos, aunque podamos estar *en* el mundo, de acuerdo con Juan 17:14-16, no somos *del* mundo. No tenemos que funcionar por el sistema del mundo, ni reaccionar como el mundo. Nuestra actitud y nuestro método tienen que ser completamente diferente. El mundo responde a las dificultades con frustración y enojo, pero Jesús dijo en Juan 14:27:

"La paz os dejo, mi paz os doy; yo no os la doy
como el mundo la da. No se turbe vuestro corazón
ni tengan miedo".

Este versículo nos indica que necesitamos cambiar
nuestra perspectiva. Me he dado cuenta de que la mentalidad y la actitud correctas pueden virar completamente
una situación. Si abordo algo con temor, me estoy condenando al sufrimiento antes de empezar, porque el temor
produce estrés. Pero si rechazo el miedo y me niego a
abrazar una perspectiva negativa, le abro la puerta a Dios
para que intervenga de forma sobrenatural y me ayude. Yo
puedo escoger mi propia perspectiva.

Jesús no prometió que nunca tendríamos que lidiar con
situaciones estresantes, en Juan 16:33, Él dijo:

"Estas cosas os he hablado para que en mí tengáis
paz. En el mundo tendréis aflicción, pero confiad,
yo he vencido al mundo".

Este versículo nos muestra que no tenemos que reaccionar al estrés de la manera que el mundo lo hace. Dado
que Jesús le quitó al mundo el poder de hacernos daño,
deberíamos ser capaces de afrontar los retos de la vida con
una nueva perspectiva: de una manera calmada y confiada.

Lucas 10:19 dice: "Os doy potestad de pisotear serpientes y escorpiones, y sobre toda fuerza del enemigo,
y nada os dañará". Aquí Jesús nos está diciendo que Él
nos ha preparado para vencer al mundo. Aunque enfrentemos situaciones difíciles y estresantes que no siempre
serán fáciles de manejar, Él nos asegura que nada nos
podrá vencer si manejamos las cosas a su manera. Somos
los únicos que podemos tomar decisiones sobre cómo

manejaremos los problemas que surgen en nuestras vidas. Es posible que la vida no sea nada fácil, pero nuestra manera de abordarla puede cambiar y eso facilitará las cosas. Una de mis metas en la vida es permanecer tranquila, sin importar lo que pase. Todavía no lo he logrado, ¡pero lo estoy intentando!

Un día de la semana pasada, por la mañana, estaba tratando de preparar café en una cafetera nueva que me compró mi hijo y coloqué los granos de café en el molinillo, que no estaba correctamente ensamblado. Tuve que sacar los granos y para hacerlo tuve que voltear la cafetera al revés. Es posible que no parezca gran cosa, pero esta cafetera en particular, es grande y bastante pesada. Cuando comencé a sacar los granos, no me di cuenta que el depósito ya estaba lleno de agua, la cual se salió junto con los granos. ¡El resultado final fue un enorme desastre! Yo dije: "maravilloso" y procedí a limpiar todo. Me sentí muy complacida cuando terminé de limpiar y me di cuenta de que no sentía ni una pizca de estrés o frustración por la situación. ¡Simplemente supe cómo lidiar con él! Es tan refrescante tener la capacidad de lidiar con cosas como estas ahora y no perder la paz, ni llenarme de estrés.

Usted puede disfrutar la misma libertad si comienza a ver las cosas de forma diferente y empieza a practicar la manera de mantener su paz, en lugar de explotar cuando surgen situaciones estresantes.

Deje que el Espíritu Santo sea su guía

Un factor importante para disfrutar una vida apacible y con poco estrés es aprender a obedecer al Señor. Cuando seguimos al Espíritu Santo, Él siempre nos hace sentir su paz. Siempre recuerde que Dios nunca le llevará a sentir estrés, porque Él es el Príncipe de paz. Dios nunca nos va a estresar ni nos va a forzar a hacer más de lo que podemos hacer; sin embargo, con frecuencia nos lo hacemos nosotros mismos.

Debemos estar seguros que no nos estamos sobrecargando, tratando de hacer demasiadas cosas, sean parte del plan de Dios para nosotros, o no. Si estamos haciendo algo que Dios no ha aprobado, Él no está en la obligación de darnos energía para hacerlo. Creo que una de las razones principales por la que muchos individuos están estresados y fatigados es porque hacen las cosas a su manera, en vez de seguir el plan de Dios. Necesitamos obedecer al Espíritu en asuntos como las cosas que debemos hacer y las cosas en las que debemos gastar nuestra energía. Podemos aprender a decir que sí cuando Dios dice que sí, y no, cuando Dios dice que no. Cuando le obedecemos, podemos cumplir con lo que Él quiere que hagamos y vivir en paz.

Aprenda a reconocer los síntomas del estrés en lo que aparecen y, en vez de poner excusas, pídale a Dios que lo ayude a lidiar con él de forma adecuada. Si eso significa que no haremos algo que queremos hacer, debemos seguir la paz y la sabiduría de Dios, y así nos libraremos de los efectos desgastantes del estrés. He aprendido mucho en mi viaje con Dios, y una de las cosas más importantes que aprendí es que *¡Dios siempre tiene la razón!*

Honestamente, no somos capaces de manejar nuestras propias vidas eficientemente. Es por eso que Jesús envió el Espíritu Santo para que nos guiara y nos dirigiera. Romanos 7:6 dice que vamos a servir bajo el "régimen" nuevo del Espíritu. Recuerdo que muchas veces, cuando me encontraba cansada, el Espíritu Santo me ordenaba que descansara, pero yo seguía insistiendo en salir y pasar tiempo con otra gente. Como sabe, las personas exhaustas con frecuencia se vuelven gruñonas en impacientes. Eso ocasionaba peleas en nuestra casa, lo que acarreaba más estrés. Si hubiera servido bajo el régimen del Espíritu Santo, se hubiera podido evitar todo ese problema. La obediencia es exaltar a Jesús sobre todos nuestros deseos físicos egoístas. *¿Está usted extenuado...o está Jesús exaltado?* En verdad creo que la obediencia es el secreto de una vida victoriosa, saludable, feliz y en paz.

Dóblese, pero no se rompa

Otra lección importante que he aprendido es a "doblarme para no romperme". La Biblia dice: "Unánimes entre vosotros; no seáis altivos, sino asociaos con los humildes. No seáis sabios en vuestra propia opinión. No paguéis a nadie mal por mal; procurad lo bueno delante de todos los hombres. Si es posible, en cuanto dependa de vosotros, estad en paz con todos los hombres" (Ro. 12:16-18). Antes de convertir la Palabra de Dios en una prioridad en mi vida, y decidir llevar una vida de obediencia, tenía que hacer todo a mi manera, si no era así, me molestaba. No me adaptaba, deseaba que los demás se adaptaran a mí. Por supuesto, eso ocasionaba más problemas y estrés. Ahora he aprendido a doblarme. En la carne, no siempre es fácil ceder y hacer las cosas de forma diferente a como las había planeado, pero es más fácil que estar molesto y sentirse fatal.

Servir a un régimen es un "saber" muy dentro de nosotros que nos permite saber lo que tenemos que hacer. El profeta Elías se refirió a él como "un silbo apacible y delicado" (ver 1 R. 19:12). Aunque no podamos escuchar una voz audible, creo que podemos sentir la sabiduría de Dios orientándonos en ciertas situaciones.

Recuerdo una vez en la que había estado de compras por

varias horas y me sentía muy cansada. Solo había comprado aproximadamente la mitad de los productos que deseaba comprar, así que continué. El régimen del Espíritu dentro de mí me decía que parara y fuera a casa, pero como no había cumplido mi meta, no lo hice. Aunque las otras cosas que deseaba adquirir no las necesitaba de inmediato, no deseaba irme hasta que lograra la meta que me había propuesto. Mientras más me presionaba, más difícil se me hacía difícil pensar con claridad. Luego empecé a ponerme impaciente con los demás. Incluso después de haber llegado a mi casa, me sentía mal y eso afectó mi tiempo con mi familia.

Si hubiera obedecido el régimen del Espíritu y me hubiera ido a casa a descansar y aliviar el estrés, me habría sentido mucho mejor, y la situación en la casa hubiera sido mucho más agradable. Podemos evitar muchas situaciones estresantes simplemente obedeciendo el régimen de Espíritu Santo.

> La fatiga viene del agotamiento físico y emocional, especialmente como resultado de un estrés prolongado.

La fatiga viene del agotamiento físico y emocional, especialmente como resultado de un estrés prolongado. Cuando el estrés consume nuestro cuerpo, nuestro sistema inmune se vuelve débil y pueden aparecer las enfermedades (incluso la depresión). Los síntomas de la fatiga incluyen el agotamiento extremo, dolores de cabeza, insomnio, problemas gastrointestinales y tensión. Otras manifestaciones pueden ser tensión extrema o imposibilidad de relajarse, y cuando vamos al doctor no encontramos nada malo. La fatiga emocional (llorar con facilidad), la rabia, negatividad, irritabilidad, depresión cinismo, y amargura por las bendiciones de otros, también pueden formar parte del síndrome de la fatiga. La fatiga puede hacer que nos sintamos "fuera de control" y que dejemos de producir frutos. Ignorar las leyes de Dios ocasiona fatiga. No es posible sobrecargar la mente, las emociones o el cuerpo sin finalmente pagar el precio.

Quiero exhortarlo a tomar un poco de tiempo en este punto para evaluar su vida con honestidad y determinar cómo se siente la mayor parte del tiempo. ¿A qué ritmo se está moviendo? ¿Mantiene el paso que Dios ha establecido para usted, o el de alguien más? ¿Se siente estresado porque está tratando de quedar bien con todo el mundo? ¿Vive bajo el estrés de la competencia y la comparación? ¿Es usted un perfeccionista con metas poco realistas? ¿Lleva a cuestas un falso sentido de la responsabilidad y se hace cargo de problemas que ni siquiera son suyos? O quizás usted es simplemente adicto a la actividad constante y no sabe cómo parar. Parece que la mayoría de nosotros realmente odia admitir que simplemente no podemos hacer todo, pero cuando lo hacemos, la vida es mucho más fácil y manejable.

Creo que podemos vivir libres de estrés en un mundo estresante, pero será necesario

> No malgaste la energía que Dios le ha dado estresándose. Ahórrela para vivir y disfrutar la vida.

tomar algunas decisiones, posiblemente decisiones radicales. Deje que el Espíritu de Dios lo saque de una vida llena de estrés y lo lleve a una vida de paz y gozo. Respete su cuerpo. Considere que la buena salud y el bienestar es uno de nuestros tesoros más preciados. No malgaste la energía que Dios le ha dado estresándose. Ahórrela para vivir y disfrutar la vida. He aquí algunos sabios consejos de la Palabra de Dios que le permitirán incluir de la práctica de la paz en su vida diaria:

Primero que nada. *¡Cálmese!* Detenga toda la prisa que lo rodea. El Salmo 46:10 dice: "Estad quietos y conoced que yo soy Dios; seré exaltado entre las naciones; enaltecido seré en la tierra".

Segundo. *Prepare su corazón* para recibir de Él, para escuchar su voz de forma regular. "¡Ojalá siempre tuvieran tal corazón, que me temieran y guardaran todos los días todos mis mandamientos, para que a ellos y a sus hijos les fuera bien para siempre!" (Dt. 5:29). ¿Puede oír la seriedad en la voz de Dios cuando hace esta afirmación?

Finalmente...Reconózcalo en todo lo que haga. Que su estilo de vida sea identificarse con Jesucristo y ser un hacedor fiel de la Palabra. "Y la paz de Dios, que sobrepasa todo entendimiento, guardará vuestros corazones y vuestros pensamientos en Cristo Jesús" (Fil. 4:7).

> *A veces nos enfocamos tanto en nuestros problemas diarios, que perdemos de vista el propósito divino de Dios.*

Cuando tomamos la decisión de empezar a cambiar nuestra forma de ver las cosas, es increíble lo rápido que puede cambiar nuestra vida. Cuando "vivimos en el mundo, pero no somos del mundo", "dejamos que el Espíritu Santo sea nuestra guía" y "nos doblamos, pero no nos rompemos", nos estamos preparando para vivir con la fuerza y la confianza que vimos en esos hombres y mujeres de la Biblia, que se rehusaron a ceder ante el estrés.

Sería sabio seguir el ejemplo de estos héroes bíblicos y adoptar su punto de vista. A veces nos enfocamos tanto en nuestros problemas diarios, que perdemos de vista el propósito divino de Dios. Sin importar cuán difícil sea su jefe, lo frustrante que sea ese grifo que gotea, lo lento que se hunde la cuenta bancaria...Dios tiene un plan grandioso para nuestras vidas. Las dificultades que estamos enfrentando no cambian eso. Si tomamos tiempo todos los días para adoptar una perspectiva adecuada y confiar en el plan de Dios para nuestras vidas, las cosas pequeñas que intentan llenarnos de estés, ya no serán tan importantes.

Para recordar

➤ La información nueva nos da una perspectiva nueva, y muchas veces, una perspectiva nueva es exactamente lo que necesitamos, especialmente cuando tratamos con el estrés.

➤ El estrés no es algo exclusivo de esta generación, cultura o tiempo histórico. Todos los grupos culturales de la historia han lidiado con el estrés.

➤ Los hombres y mujeres de la Biblia como Daniel, Moisés, Ruth y Pablo, tenían una perspectiva diferente. Sabían que no podían manejar la situación que estaban enfrentando con sus propias fuerzas, así que dependieron completamente de Dios.

➤ Un factor importante para disfrutar una vida apacible, con bajos niveles de estrés es aprender a obedecer al Señor. Él siempre le hará sentir paz. Cuando seguimos la guía del Espíritu Santo, siempre nos llevará a la paz. Recuerde…¡Dios siempre tiene la razón!

➤ Como Jesús le ha quitado al mundo el poder de hacernos daño, tenemos la capacidad de abordar los retos que enfrentamos en la vida desde una nueva perspectiva: de forma calmada y confiada.

➤ Si ha tomado la decisión de empezar a ver las cosas desde el punto de vista de Dios, es increíble lo rápido que puede cambiar su vida.

¿Sabía que...?

Solo treinta minutos de caminata al día puede ayudar a mejorar el ánimo y reducir los niveles de estrés.[1]

MANTENGA
LA CALMA
Y
BENDIGA A
LOS DEMÁS

CAPÍTULO 14

La forma más rápida de vencer el estrés

"Usted no ha vivido hoy hasta que haya hecho algo por alguien que nunca podrá retribuirle".
—John Bunyan

Cuenta la historia que durante algunos de los días más oscuros de la Segunda Guerra Mundial, el carbón escaseaba en Inglaterra y necesitaban aumentar su producción urgentemente:

> Winston Churchill reunió a todos los dirigentes sindicales del país para informarles la situación y, con suerte, ganarse su apoyo. Al final de su presentación, Churchill les pidió que se imaginaran un desfile, que él sabía que se celebraría en el famoso Piccadilly Circus de Londres, después de la guerra.
>
> Primero, dijo Churchill, vendrían los marinos que lucharon para mantener abiertas las vías marítimas más importantes. Luego vendrían los soldados británicos, que habrían regresado a casa desde Dunkirk, para luego ir a derrotar a Rommel en África. Luego vendrían los pilotos que habían expulsado a la Luftwaffe de los cielos británicos.
>
> En último lugar, dijo Churchill, vendría una larga fila de hombres con sombreros de mineros y las ropas manchadas de sudor y hollín. Alguien entre la multitud gritaría "¿Y dónde estaban ustedes durante los días más críticos de nuestro conflicto?

Y desde diez mil gargantas vendría la respuesta:
"Estábamos en las profundidades de la tierra, extra-
yendo el carbón".[1]

Algo poderoso sucede cuando servimos a otros, cuando
no pensamos en nosotros mismos, sino que ponemos las
necesidades de los demás antes que las nuestras. Como lo
ilustra esta historia, no todos los trabajos son preponde-
rantes. No todas las personas pueden luchar en el frente.
Pero, algunas veces, los individuos más importantes son
los que sirven (y muchas veces, también son los más felices). No siempre reciben reconocimiento. Es posible que
no siempre reciban el crédito que merecen. Pero la gente
que "extrae el carbón" normalmente no necesita el aplauso
de los demás, porque han encontrado una recompensa
mucho mayor: la dicha y la profunda satisfacción de
ayudar a los demás.

> Obsesionarnos con noso-
> tros mismos es un caldo
> de cultivo para el estrés,
> la presión y la ansiedad.

He descubierto que esto es
una clave fundamental para
reducir el estrés en nuestras vidas. Mientras nos enfo-
quemos en nosotros mismos,
nuestros problemas, *nuestros* deseos, *nuestras* necesidades,
el estrés acompañará todos nuestros pensamientos. Obse-
sionarnos con nosotros mismos es un caldo de cultivo para
el estrés, la presión y la ansiedad. Pero cuando ponemos
las necesidades de los demás por encima de las nuestras,
el estrés comienza a desvanecerse. Es casi imposible bendecir a otra persona y preocuparnos simultáneamente por
nosotros mismos. Así que, si desea un método probado y
comprobado para reducir el estrés en su vida...mire a su
alrededor y encuentre a alguien a quien bendecir.

Para amar a otros, primero debemos...

El amor siempre requiere acción. No es solo *algo* que tratamos de obtener para nosotros, sino una *acción* que le expresamos a los demás cuando hacemos algo, como compartir y servir. El amor es mucho más que una palabra, o una teoría: es una acción. Yo creo que Dios nos da tres instrucciones muy importantes sobre a quién mostrarle amor.

1: Amar a Dios

Deuteronomio 6:5 dice: "Amarás a Jehová, tu Dios, de todo tu corazón, de toda tu alma y con todas tus fuerzas". En el Nuevo Testamento, Jesús repite este mandamiento, incluso lo señala como el mandamiento más importante de todos (al igual que amar a su prójimo como a usted mismo).

Mucha gente me pregunta: "Joyce, ¿cómo le expreso mi amor a Dios? ¿Diciéndole 'te amo, Dios'? ¿Cantándole canciones de alabanza? ¿Asistiendo a la iglesia?". Todas estas son buenas acciones y, cuando provienen de un corazón sincero, definitivamente demuestran amor a Dios. Le demostramos a Dios que lo amamos teniendo una relación con Él. Queremos compartir con aquellos que amamos, así que es razonable que le demostremos nuestro amor a Dios queriendo compartir con Él. Me gusta la idea de "hacer vida con Dios", incluyéndolo en todo lo que hago y hablando con Él a lo largo del día. Obedecer la voluntad de Dios es una de las mejores formas de demostrarle nuestro amor. Jesús dijo: "Si me amáis, guardad mis mandamientos" (ver Jn. 14:15). Creo que nuestro nivel de obediencia crece cuando conocemos y experimentamos su amor, bondad y fidelidad. Nuestro deseo de seguir y obedecer los mandamientos del Señor aumenta, en la misma medida que aumenta nuestro amor por Él.

Hace cuarenta años, yo podía decir que amaba a Dios si alguien me lo preguntaba, pero yo no era totalmente obediente, así que, obviamente, solo amaba a Dios hasta un cierto punto. Con el paso de los años me he enamorado más profundamente de Él y me he vuelto más obediente. Estos dos factores van de la mano. Sospecho que seguiré mejorando por lo que me resta de vida y lo mismo le ocurrirá a usted.

2: Amarse a sí mismo

Es interesante notar que cuando Jesús habló del mandamiento más importante de todos, citó Deuteronomio 6:5 y dijo que debemos amar a Dios con todo nuestro corazón. Pero mucha gente olvida que Él también añadió el segundo mandamiento más importante: "Amarás a tu prójimo como a ti mismo" (ver Mc. 12:31).

> No podemos dar lo que no tenemos.

Creo que aquí hay algo importante que la gente siempre omite: *No podemos dar lo que no tenemos.* ¿Cómo podemos amar a alguien, si ni siquiera sabemos cómo amarnos a nosotros mismos? Esta es la razón por la cual Dios quiere que nos aceptemos, que abracemos nuestra personalidad e incluso nuestras imperfecciones, sabiendo que aunque no estamos donde necesitamos estar, estamos avanzando. Jesús murió por nosotros porque tenemos debilidades e imperfecciones, y no debemos rechazarnos por causa de ellas. ¡Dios quiere que nos amemos a nosotros mismos y que disfrutemos como Él nos creó! Con frecuencia esto es difícil de hacer, pero es importante hacerlo. Dios nos amó lo suficiente como para enviar a Jesús a morir por nosotros, y necesitamos recibir su amor, así como tener un amor saludable por nosotros mismos. Agradezcamos el hecho de que fuimos formados y diseñados por Dios con un propósito especial y aceptémonos.

3: Amar a los demás

> "Nosotros sabemos que hemos pasado de muerte a vida, porque amamos a los hermanos. El que no ama a su hermano permanece en muerte".
>
> 1 Juan 3:14

Esto es emocionante: *Vida*, en este versículo, es la vida de Dios o la *vida que Dios desea*. ¡Dios nos lo ha prometido! No tenemos que ir por vida como la gente que piensa y respira, pero nunca vive la vida como Dios desea. ¡Queremos disfrutar todo lo que Dios tiene para nosotros! Y la mejor manera de hacerlo es sirviendo, ayudando y bendiciendo a otros. Cuando lo hacemos, ¡Dios nos da a cambio vida en abundancia! Ana Frank lo dijo de esta manera: "Nadie nunca se ha empobrecido por dar".[2]

Amar a los demás es la única manera de mantener la vida divina fluyendo a través de nosotros. El amor de Dios es un regalo; está en nosotros,

> *Siento una emoción en mi espíritu y en mi alma cuando planeo hacer algo para que otra persona se siente amada y estimada*

pero debemos transmitírselo a los demás a través de nuestras palabras y acciones. Si lo dejamos dormir, se estancará como una piscina sin desagüe. El acto de ayudar a los demás es una de las cosas más estimulantes que he experimentado. Siento una emoción en mi espíritu y en mi alma cuando planeo hacer algo para que otra persona se siente amada y estimada.

Todos podemos sentir el mismo estímulo solo "amando enérgicamente hacia el exterior". Es decir, que el amor resuene con fuerza en nuestra vida. Debemos practicarlo frecuente y contundentemente. Le propongo algo: piense en tres personas que usted conozca que pudieran a apreciar una manifestación del amor de Dios. Luego piense en formas creativas de expresarle ese amor a esa persona (si no se le ocurre nada, en breve le daré tres sugerencias). Ahora vaya y hágalo. Le garantizo que al final sentirá un sentimiento maravilloso de satisfacción y júbilo. Ahora, intente hacerlo todos los días. Quizás piense que no tiene tiempo, pero demostrarle amor a los demás solo toma unos minutos. Puede ser algo tan sencillo como un cumplido, o una preocupación genuina por aquellos que sufren.

Si se dedica a amar a Dios, amarse a sí mismo y amar a los demás, tendrá una gran cantidad de bendiciones en su vida. Le animo a buscar a Dios y a pedirle al Espíritu Santo que le ayude a mejorar en esta área. Él le ayudará a superar todo lo que pueda obstaculizar el proceso. Recuerde. Dios es amor. Él nos ama. Y Él quiere que compartamos ese amor con los demás.

Esto es algo que tuve que aprender

Por muchos años, lo hice todo mal. ¡Y estaba increíblemente estresada! Me refiero a mi actitud, que estaba enfocada en el pensamiento: *¿Y yo qué?* Y eso se reflejaba en mi comportamiento: si no hacía las cosas a mi manera o si un resultado me decepcionaba, simplemente no podía olvidarlo. Estaba alterada y frustrada constantemente. Francamente, no era una compañía muy divertida.

Honestamente, no sabía por qué me sentía tan infeliz y frustrada, hasta que Dios me habló al corazón un día y me dijo: "Eres egoísta. Has investigado en mi Palabra sobre la guerra espiritual, la fe, la sanación, como tener éxito, como tener poder y autoridad como creyente en Cristo…pero ¿cuánto tiempo has investigado sobre mi amor?".

Allí comencé a darme cuenta de que nunca sería feliz, ni tendría paz, hasta que aprendiera a amar y servir a los demás como lo había hecho Jesús. Uno de los primeros mensajes que Dios me dijo que enseñara se titulaba: "Dile que los amo". Al principio, no quería hacerlo. Pensé que la gente ya lo sabía. Pero Dios me mostró que si la gente realmente supiera que Él los amaba y lo que eso significaba, vivirían de forma muy diferente de como lo hacen.

Y esto es lo importante: cuando conocemos y experimentamos el amor de Dios, podemos compartirlo con los demás. Imagínese como sería el mundo si todo los que se hacen llamar cristianos se ayudaran realmente los unos a los otros y compartieran el amor de Dios. Piénselo. No habría chismes, ni juicios, ni crítica, ni actitudes de exclusión que hacen que los demás se sientan rechazados, y las necesidades de la gente estarían más satisfechas de lo que están.

Afortunadamente, Jesús no dio ejemplos muy reales y prácticos de cómo podemos amar de la forma que Dios nos ama. Juan 13:1 dice que Jesús "los amó hasta el fin". En los versículos que siguen, Él demostró lo que significaba amar a los demás de esa manera. Y eso impactó a los discípulos. En aquellos días, había sirvientes que lavaban los pies de los visitantes. Es probable que fueran considerados los sirvientes domésticos de menor rango. Ahora Dios, el Hijo del mismísimo Dios, terminó su comida, tomó la toalla del sirviente y procedió a lavar los pies de los discípulos. Su mensaje hacia ellos fue que se amaran los unos a los otros sirviendo a otros, porque Dios quiere que su amor fluya a través de nosotros y toque la vida de otras personas. Eso significa que no debe haber nada para lo que creamos ser demasiado buenos. Sea cual sea la manera en que Dios nos pida servirle a alguien, debemos hacerlo con buena actitud. Nunca sabemos de qué manera nuestro acto de obediencia y servicio les puede ayudar a ellos…y a usted.

> El amor no es solo un sentimiento o una teoría; es una decisión que tomamos y una acción que realizamos.

El amor no es solo un sentimiento o una teoría; es una decisión que tomamos y una acción que realizamos. Es muy importante que estudiemos lo que la Biblia dice sobre el amor de Dios, para que podamos aprender a amar como Jesús. Y debemos pedirle ayuda a Dios en oración para que nos enseñe a caminar en amor, a ser servidores que "laven los pies", ayudando a los demás. Pídale ideas creativas relacionadas con las múltiples maneras en que podemos demostrar amor a los demás.

Trate a los demás como lo gustaría ser tratado

Mateo 7:12 dice: "Todas las cosas que queráis que los hombres hagan con vosotros, así también haced vosotros con ellos". Esto es muy importante, porque si queremos tener relaciones saludables y gozosas con los demás, debemos intervenir en sus vidas para ofrecerles apoyo, ánimo, ayudarles a satisfacer sus necesidades…es decir, servirles de la mejor manera que podamos.

Es fácil querer ayudar a la gente que nos gusta, o a aquellas a quienes queremos impresionar. Pero cuando se trata de hacer algo por alguien que no conocemos, o alguien por quien no tenemos un interés natural, puede ser más difícil. También quiero animarlo a estar segura de que muestra amor y disposición de ayudar y bendecir a los miembros de su propia familia. A veces, en nuestros esfuerzos ayudar a otros, nos olvidamos de quienes están en nuestra propia casa. ¡La familia es muy importante!

Quiero animarlo a leer Juan 13 y prestar mucha atención a lo que dijo e hizo Jesús. Dedique un poco de tiempo para estudiar sobre el amor de Dios en las escrituras y ore para que Él le muestre de qué manera usted puede servir a los demás. Vea cuantas maneras creativas de "lavar los pies" pone Dios en su corazón. Probablemente se dará cuenta que es más fácil y más sencillo de lo que pensó que sería ayudar a mejorar las vidas de otros.

Dios quiere que tengamos éxito y disfrutemos nuestras vidas. Para hacerlo, realmente, necesitamos dejar de ser egoístas y comenzar cada día con la mejor disposición de ayudar a cualquier persona necesitada que Dios ponga en nuestro camino. Cuando lo hagamos, descubriremos que nos sentimos realmente más satisfechos, contentos, llenos de paz y felices de lo que nunca nos hemos sentido en la vida.

Como podemos servir, ayudar y bendecir a los demás

Anteriormente, le pedí que orara y le pidiera a Dios que le mostrara algunas maneras de servir a los demás (después de todo, orar es lo más importante que podemos hacer). Me gustaría ayudarle en este proceso, así que he creado una lista de sugerencias sencillas de formas en las que usted puede servir, ayudar y bendecir a las personas que conoce... e incluso a las que no:

- Invite a alguien a almorzar.
- Pregúntele a alguien por una meta a corto plazo y ayúdele a alcanzarla.

- Si tiene un amigo que necesita hablar, llévelo aparte y escúchelo. Solo escúchelo.
- Corte el césped de un vecino que no esté en casa o se encuentre enfermo.
- Déjele una nota amable a un compañero de trabajo con el cual normalmente no se relacione.
- Ofrézcale su amistad a alguien que se sienta fuera de lugar en una fiesta.
- Cédale su lugar a alguien en la fila para pagar de una tienda.
- Cuando alguien haga algo bien, asegúrese de compartir su éxito con los demás.
- Sorprenda a sus familiares preparándoles una cena y llevándoselas a su casa.
- Si alguien le pide un favor... hágale dos.
- Sea generoso con la propina que le deja al mesero en un restaurant.
- Haga trabajo voluntario en su comunidad.
- Cuando un amigo le cuente lo ocupado que está, pregúntele si puede hacer algo para aliviarle la carga de trabajo.
- Realice la tarea doméstica que a su pareja menos le guste hacer.
- Envíele flores a un amigo, solo "porque sí".

Esta lista es solo el comienzo, probablemente podríamos llenar un libro entero con formas de servir, ayudar y bendecir a los demás. Lo exhorto a orar por esta lista y ver si Dios le habla al corazón sobre algunas de las cosas que le sugiero aquí. Si le viene a la mente el nombre de un amigo, y ve en esa lista una manera de bendecirlo, ¡hágalo!

El estrés será lo último que le pasará por la mente. Estará muy emocionado de ser una bendición.

No sea un mártir

Todos sabemos lo que es un mártir. Todos hemos escuchado heroicas historias de valientes individuos quienes, a través de los años, han pagado el más alto precio y han sido asesinados por sus creencias. Peo existen otros tipos de mártires, que no son tan valientes. Estoy segura de que todos conocemos uno, una persona que sufre constantemente y siempre está dispuesto a compartir su dolor con cualquiera que lo escuche. Este mártir quiere que todos a su alrededor sientan pena por él, por lo que comparte en voz alta todos los sacrificios que está haciendo en su vida.

Una vez conocía a una mujer así, se sentía como la esclava de su familia y definitivamente tenía la actitud de una mártir. Tengo que admitirlo, me sentía cansada de escucharla hablar constantemente de lo mucho que hacía por todos y lo poco que la apreciaban. Puedo decir que ella llevaba un registro del trabajo que estaba haciendo y que comparaba su trabajo con las recompensas que estaba (o no estaba) recibiendo por él. Con el paso del tiempo, arruinó su matrimonio y su relación con la mayoría de sus hijos. ¡Qué tragedia!

Es muy fácil caer en la "trampa del mártir". Incluso es posible que disfrutemos servirles a nuestros familiares y amigos, pero después de un tiempo, nuestros corazones comiencen a cambiar y empecemos a *esperar* algo a cambio. Después de todo, estamos trabajando muy duro y sacrificando mucho. Con el tiempo, ya no tendremos el corazón de un sirviente. Nos desanimamos porque no se están cumpliendo nuestras expectativas. Nos amargamos y pronto descubrimos que estamos inmersos en la autocompasión. Nos hemos convertido en mártires.

Déjeme contarle una pequeña historia de cómo esta actitud puede infiltrarse en nuestras vidas. Esto es lo que me ocurrió a mí:

Una mañana, después de levantarme y bajar a prepararme café, el Señor me conminó a preparar una ensalada de frutas para mi esposo. A Dave le encanta comer ensalada de frutas en la mañana y yo sabía que sería un lindo gesto de mi parte prepararla para él. Él no se había despertado aún, así que tenía tiempo de prepararla y sorprenderlo cuando él bajara las escaleras.

El problema era que yo no *quería* prepararle una ensalada de frutas. Yo hubiera querido llevarle una banana o una manzana, pero no quería dedicar tiempo a cortar toda la fruta, ponerla en el bol y luego servírsela. ¡Lo que quería era ir a orar y leer mi Biblia! Pensé: *¿Por qué debo hacer eso por él? ¡Él no me prepara el desayuno! Después de todo, tengo que estudiar la Biblia y orar para enseñar la Palabra de Dios. ¡Es mi ministerio!*

Con mucha frecuencia, cuando estoy orando, le pido a Dios que muestre maneras en las que pueda bendecir a Dave, y aunque Él responde mis oraciones, yo no quiero seguir sus consejos. Orar para ser una bendición suena espiritual y amoroso, pero debemos asegurarnos de que tenemos la intención de cumplirlo, cuando Dios nos muestre que hacer.

La ensalada de frutas es algo tan pequeño que quizás parezca que no vale la pena mencionarlo, pero creo que son las pequeñas cosas que no hacemos las que, con frecuencia, causan los mayores problemas en nuestras relaciones.

Es gracioso como a veces cometemos el error de pensar que la actividad espiritual es mejor que un simple acto de amabilidad. El Señor me recordó, pacientemente, que servirle a mi esposo de esta manera era realmente servirle a Él. Así que, obedientemente, hice la ensalada de frutas y sorprendía a Dave cuando bajó por las escaleras.

Aunque Dave no me devolvió el favor ni me agradeció de manera exagerada, sentí gozo sabiendo que había obedecido a Dios y que había sido una bendición para mi esposo.

Me pregunto cuanto se reduciría el estrés en el matrimonio si tanto la esposa como el esposo estuvieran dispuestos a mostrar amor, simplemente sirviéndose el uno al otro.

> *Me pregunto cuanto se reduciría el estrés en el matrimonio si tanto la esposa como el esposo estuvieran dispuestos a mostrar amor, simplemente sirviéndose el uno al otro.*

¿Por qué no intentarlo? Pídale a Dios que le muestre las pequeñas cosas que puede hacer por su cónyuge, luego hágalas y observe como su actitud hacia usted mejora con el paso del tiempo.

Yo, definitivamente, amo a mi esposo y en ocasiones ese amor se expresa mejor a través del servicio. Las palabras son maravillosas, pero cuando caminamos en amor nuestro compromiso debe contener mucho más que palabras. ¿Cómo puedo realmente amar a mi esposo si nunca quiero hacer nada por él? No recuerdo haber recibido ninguna recompensa en particular por haber preparado la ensalada de frutas para Dave ese día. Él me agradeció, pero no ocurrió nada espectacular. Sin embargo, estoy segura de que hubo recompensas de paz y gozo en mi vida, de las cuales ni siquiera me di cuenta, los beneficios de la obediencia que no son visibles. Estoy convencida de que perdemos muchas bendiciones, que ni siquiera conocemos, simplemente porque no hacemos por los demás lo que nos gustaría que hicieran por nosotros, o hacemos cosas por los demás, pero lo hacemos con la actitud equivocada, la actitud de un mártir. Hagamos lo que debemos hacer por los demás, sin esperar nada a cambio y tendremos el gozo de recibir la recompensa de Dios, a su debido tiempo.

Si su matrimonio o su familia no son lo que le gustaría que fuera usted puede, literalmente, darle la vuelta adoptando este único principio en este momento. Quizás haya estado esperando que su cónyuge haga algo por usted. Quizás se haya estado rehusando obstinadamente a ser el primero en hacer un movimiento. Tráguese su orgullo y salve su matrimonio. Deje de hablar sobre todos los sacrificios que usted hace y comience a servir con una actitud correcta en su corazón. Que *él o ella*, no usted, sea el centro de atención.... Y sea un sirviente, no un mártir.

No pida nada, excepto servir

Para concluir este capítulo, me gustaría compartir con usted una historia que demuestra el valor de servir y ayudar a otros:

El consejero más cercano de Franklin Roosevelt, durante gran parte de su período presidencial fue un hombre llamado Harry Hopkins. Durante la Segunda Guerra Mundial, cuando tenía la mayor influencia sobre Roosevelt, Hopkins no tenía un puesto oficial en el gabinete. Incluso, la cercanía de Hopkins con Roosevelt hacía que muchos lo miraran como una figura oscura y siniestra. Como resultado, él fue una desventaja política importante, para el Presidente. Un adversario político de Roosevelt, una vez le preguntó: "¿Por qué mantiene a Hopkins tan cerca de usted? Seguramente se habrá dado cuenta de que la gente no confía en él y resiente su influencia". Roosevelt respondió: "Algún día, quizás usted esté sentado aquí, donde yo me encuentro ahora, como presidente de los Estados Unidos. Y cuando eso ocurra, usted mirará hacia esa puerta que está allá, sabiendo que prácticamente todas las personas que la atraviesan querrán algo de usted. Usted sabrá cuan solitario es este trabajo y descubrirá que necesita a alguien como Harry Hopkins, quien no pide nada a cambio, excepto servirle". Winston Churchill calificó a Hopkins como uno de los seis hombres más poderosos del mundo, a principios de los años 40. Y la única fuente del poder de Hopkins era su disposición de servir.[3]

Así como la fuente del poder de Harry Hopkins era su voluntad de servir, hay poder en su vida al servir a los demás. Y cuando lo hace, los resultados pueden cambiar su vida. El gozo se restaura, reina la paz, disminuye el estrés y Dios se complace. Así que aunque las exigencias de su vida parezcan apremiantes el día de hoy, quiero animarlo a dejar de lado algunas de estas cosas y fijar su atención en los demás. Busque maneras de animar y bendecir. Y, ¿sabe qué? Cuando todo haya terminado, le sorprenderá descubrir que usted recibió más ánimo y bendiciones que aquellos a quienes ayudó.

Quizás se pregunte por qué el estrés se reducirá si usted toma tiempo para servir a los demás. ¿No incrementaría la miríada de cosas que ya tiene que hacer? Lo más sorprendente es que mientras más fijemos nuestras mentes en nosotros mismos, más se llenará de estrés; pero cuando nos olvidamos de nosotros mismos por un rato y nos enfocamos en lo que podemos hacer por los demás, descubrimos un alivio gozoso que quizás no estábamos esperando.

Para recordar

➤ Algo poderoso sucede cuando servimos a los demás, cuando no pensamos en nosotros mismos, sino que ponemos las necesidades de los demás antes que las nuestras.

➤ Mientras estemos centrados en nosotros mismos, *nuestros* problemas, *nuestras* preocupaciones, *nuestros* deseos, *nuestras* necesidades, el estrés acompañará todos nuestros pensamientos.

➤ Amar a otros es la única manera de mantener una vida de Dios fluyendo a través de nosotros. El amor de dios es un regalo que recibimos; está en nosotros, pero necesitamos transmitírselo a los demás a través de palabras y acciones.

➤ "Todas las cosas que queráis que los hombres hagan con vosotros, así también haced vosotros con ellos" (Mt. 7:12).

➤ Cuando haga una lista de maneras de servir a otros, el estrés será lo último que le pasará por la mente. Estará demasiado emocionado de ser una bendición.

¿Sabía que...?

En inglés, "stressed" [estresado] es "desserts" [postres] al revés.

MANTENGA LA CALMA
Y
COMIENCE DE NUEVO

CAPÍTULO 15

El primer día del resto de su vida

"Una mente contenta es la bendición más grande que un hombre puede tener en este mundo".

—Joseph Addison

Una de las cosas más maravillosas de Dios es que Él ama los nuevos comienzos. Con Dios, no necesitamos vivir en la atadura y el dolor del pasado. Podemos vivir en la belleza y en las promesas del futuro. Es por ello que las escrituras nos dicen que la compasión y la misericordia de Dios "nuevas son cada mañana" (ver Lam. 3:23). Dios no solo permite los "nuevos comienzos", ¡Él los creó! Veamos las historias que hemos leído sobre este tema en la Palabra de Dios:

- Moisés asesinó a un egipcio y huyó de su destino...pero Dios le dio un nuevo comienzo como libertador de su pueblo.

- David era un pastorcillo menospreciado por su propio padre...pero Dios le dio un nuevo comienzo como rey de Israel.

- Gedeón tenía miedo del enemigo y se escondió en una prensa de vino...pero Dios le dio un nuevo comienzo como un poderoso líder militar.

- Pedro tenía mal carácter, incluso negó conocer a Cristo...pero Dios le dio un nuevo comienzo como líder de la primera iglesia.

- Pablo perseguía a los cristianos y estuvo presente cuando apedrearon a Esteban...pero Dios le dio un nuevo comienzo como apóstol, misionero y autor de la mayoría de los libros del Nuevo Testamento.
- María Magdalena estaba llena de demonios, sin embargo se convirtió en una de las amigas y compañeras de viaje más cercanas a Jesús.

> Independientemente del dolor, la presión, la ansiedad o el estrés con el que usted ha estado viviendo, Dios quiere darle un comienzo totalmente nuevo.

¿Puede detectar una tendencia? No importa cuál sea la lucha o el fracaso personal, Dios perdona, sana, restaura y hace nuevas todas las cosas. Él ha estado haciendo esto desde que el hombre pecó por primera vez y lo sigue haciendo hoy en día.

Y, ¿sabe qué? Dios quiere hacerlo también por usted; Él quiere darle un nuevo comienzo. Independientemente del dolor, la presión, la ansiedad o el estrés con el que usted ha estado viviendo, Dios quiere darle un comienzo totalmente nuevo. Él quiere llevarse todo eso y otorgarle una libertad nueva en Él. En 2 Corintios 5:17 hallamos esta promesa:

> "De modo que si alguno está en Cristo (El Mesías), nueva criatura es: las cosas viejas (la condición moral y espiritual anterior) pasaron; **todas son hechas nuevas**" (negritas añadidas).

Esas son buenas noticias, ¡todas las cosas son hechas nuevas! El estrés, la ansiedad, la preocupación y la presión son las cosas viejas, con las que hemos aprendido a vivir...pero Dios está haciendo todas las cosas nuevas.

Ya no tenemos que vivir que vivir de esa manera. Hoy, mañana y todos los días por venir, pueden ser un nuevo comienzo. Podemos vivir llenos de paz y rebosantes de gozo. El día de hoy no es solo otro día en el cual usted va a estar estresado y abrumado, ¡hoy puede ser el primer día del resto de su nueva vida!

Ahora bien, habrá ocasiones en las que las viejas ansiedades y el estrés golpeen a su puerta. En las páginas de este libro hemos aprendido a sacarlos de nuestras vidas, pero eso no significa que no vayan a volver. Así que, en este último capítulo, quiero darle algunas herramientas finales para su "caja de herramientas espiritual", que le ayudarán a vivir una vida apacible y llena de gozo, de hoy en adelante.

Escoger una vida de gozo no significa que ya nunca más sentiremos emociones negativas, como rabia, tristeza o decepción. Significa que tenemos la opción de no permitir que nos controlen. Muchas de las emociones que experimentamos son normales e incluso necesarias. ¿Cómo podría yo estar calificada para ministrar sobre las emociones si nunca hubiera experimentado emociones negativas? Todas nuestras experiencias contribuyen a configurar quienes somos, pero, nuevamente, quiero destacar que podemos escoger dejar que nuestras emociones nos controlen o manejarlas de una forma que, aunque no neguemos su existencia, si les negamos el control sobre nosotros.

Las siguientes recomendaciones son sugerencias útiles que le ayudarán a permanecer estable y disfrutar su vida:

Escoja vivir con esperanza

¿En líneas generales, como se siente sobre su futuro? ¿Tiene esperanza de que le sucederán cosas buenas? ¿O normalmente se siente estresado, esperando que le pasen cosas negativas o decepcionantes?

Cuando era niña, me enseñaron a ser negativa. Vivía en una atmósfera abusiva, con gente negativa, donde existía el alcoholismo, el miedo y la rabia. Como resultado, desarrollé la creencia de que era mejor no esperar nada bueno, en lugar de esperar algo bueno y decepcionarme cuando no ocurriera. Tristemente, siempre me preguntaba: *¿Qué es lo próximo que va a salir mal?*

No fue sino hasta que me convertí en adulta, que me di cuenta de que estaba viviendo con expectativas negativas, lo que creaba un vago sentimiento a mí alrededor de que algo malo iba a pasar. Pero un día, Dios me habló al corazón

> Dios no obra en nosotros a través de actitudes negativas de ninguna clase

sobre esto. Él me mostró que yo siempre estaba temiendo que ocurriera algo malo, pero Él quería que yo esperara que ocurrieran cosas buenas. Jeremías 29:11 nos dice que los pensamientos y planes de Dios son "de paz y no de mal". Dios quería que yo creyera jubilosamente e incluso dijera, en voz alta: "¡Algo bueno va a pasar!".

Él quiere que usted también lo haga. Esperar lo bueno y vivir con una actitud positiva, calman mucho el estrés. Dios es bueno y cuando andamos a su lado y conocemos sus caminos podemos esperar que más cosas buenas nos sucedan y fluyan a través de nosotros hacia otras personas que sufren. Las expectativas negativas siempre generan presión y la presión siempre genera estrés. La verdad es que Dios no obra en nosotros a través de actitudes negativas de ninguna clase. Sea preocupación, ansiedad, autocompasión, celos, pereza o falta de perdón, estas no son actitudes que generan paz. ¡Dios obra a través de la fe!, pero para tener fe es fundamental que primero tengamos esperanzas. La esperanza y la fe van de la mano, no podemos tener una sin la otra. La esperanza es una expectativa favorable y confiada; es estar a la espera de que algo bueno suceda y que las cosas salgan bien, sin importar que situación estemos enfrentando. Zacarías 9:12 dice:

> "Volveos a la fortaleza, prisioneros de la esperanza; hoy también os anuncio que os dará doble recompensa".

Realmente me gusta la frase *prisioneros de la esperanza*. Piénselo: si somos prisioneros de la esperanza, no tenemos más opciones al respecto, no podemos ser negativos. Y cuando los tiempos son difíciles y estamos lidiando con la decepción o sentimos que el estrés aparece, la esperanza hará que nos levantemos con fe y digamos: "Dios, te alabo y creo que estás trabajando en esta situación y obrando en mí. ¡Mi fe, confianza y esperanza están en ti!". Crea que Dios está trabajando y evite pensar que Dios *trabajará* en algún momento del futuro. La fe siempre es "ahora", y ¡es lo que creemos "ahora" lo que afecta nuestra vida presente!

Tener esperanza significa estar decidido a ver lo mejor de Dios y nunca darse por vencido. Dios quiere que confiemos en que Él puede cambiar lo que debe ser cambiado, que podemos lograr lo que Él nos ha llamado a hacer y que sus promesas se harán realidad en nuestras vidas. Si somos constantes en nuestra fe no podremos perder, nuestro destino es triunfar con la ayuda de Dios. Le puedo asegurar que nuestro enemigo, Satanás, siempre está trabajando para robarnos la esperanza. Él es la fuente de todas las tentaciones para estar desesperanzados, ansiosos y estresados en nuestras vidas. Pero la verdad es que saldremos victoriosos, siempre y cuando apliquemos los maravillosos principios de Dios en nuestras vidas, confiando en Él todo el tiempo.

Habrá días difíciles. No crea que todo mejorará en el instante que termine de leer este libro. (La naturaleza humana es impaciente, egoísta y quiere las cosas de inmediato. ¿Por qué ocurre que, aunque nos tomó años meternos en nuestros problemas, esperamos que Dios nos saque de ellos en pocos días?) En Juan 16:33, Jesús nos dice que tendremos tribulaciones, pruebas, aflicciones y frustraciones en este mundo, pero a pesar de eso podemos estar animados. ¿Por qué? Porque Él ha vencido al mundo y cuando vivimos en Él ¡nos volvemos vencedores también! Es por ello que Jesús murió por nosotros. Él vino a salvarnos del pecado y la muerte y a darnos vida abundante, *ahora*.

Estoy decidida a tener todo lo que Jesús pagó, para mí, con su muerte. Lo animo a tomar la misma decisión, decídase a recibir y disfrutar todas las cosas buenas que Jesús pagó, para usted, con su muerte. Tendrá que hacerlo de forma intencional, pero usted podrá decidirse a hacer lo que Dios quiere que haga y rehusarse a vivir con expectativas negativas. Pídale a Dios que lo ayude a vivir con esperanza y declare con fe: "¡Algo bueno pasará!".

Persista…Incluso cuando sea difícil

Un factor importante para combatir el estrés y la preocupación es hacer buenas elecciones cuando estamos dolidos, desanimados, frustrados, confundidos o bajo presión, aunque la elección correcta sea, con frecuencia, la elección más difícil. Cuando nos encontramos en medio de un estrés terrible, naturalmente queremos tomar el camino más fácil. Esos son, precisamente, los momentos en los cuales podemos hacer un esfuerzo consciente para tomar la elección correcta. Para cosechar buenos resultados en la vida, debemos decidirnos a hacer el bien cuando no tenemos ganas. A esto lo llamo "perseverar y avanzar", y saber cómo hacerlo es uno de los componentes más importantes para ser una persona libre de estrés.

Cualquier tipo de progreso en la vida requiere esfuerzo. Ser una persona que hace grandes cambios en su vida requerirá una inversión de su parte. Solo llegará a donde quiera estar sacrificándose voluntariamente y atravesando los obstáculos o adversidades que encuentre en el camino. Pero, con toda seguridad, ese sacrificio siempre le traerá una recompensa. Su obstáculo puede ser el hábito de ceder ante situaciones estresantes; en el pasado, quizás usted vivió como víctima de su entorno, permitiendo que las circunstancias determinaran su estado de ánimo. Sea como sea, usted es el único que puede superarlo; nadie puede hacerlo por usted. Creo que es hora de que usted se haga cargo de su vida y cumpla la voluntad de Dios, en vez de ceder a la presión, que está diseñada para evitar que usted alcance su destino.

Quizás usted intentó hacer cambios en el pasado. Tal vez lo intentó hasta el punto de que ahora está desgastado, exhausto o desanimado. Si es así, usted se encuentra exactamente en el punto donde necesita recibir nuevas fuerzas de parte de Dios e insistir una vez más. Muchas veces nos desgastamos y dudamos de nuestra determinación si no nos apoyamos continuamente en Dios, confiando en su fuerza, en lugar de nuestras propias fuerzas. Podemos tomar la decisión de continuar, pero nunca tendremos éxitos en nada, al menos que confiemos en que Dios nos ayuda. Su gracia siempre es suficiente para permitirnos hacer lo que necesitamos hacer.

Cuando ponemos nuestra esperanza en Dios y dependemos de Él, nos da las fuerzas que necesitamos. ¡No espere sentir la fuerza antes de dar el paso de fe! Nunca debemos preguntarnos si Él vendrá ayudarnos. Si seguimos avanzando, aunque las cosas se pongan difíciles, Dios siempre aparecerá y hará lo que nosotros no podamos, por nosotros. La palabra de Dios lo dice de esta manera:

> "Mas los que esperan en Jehová tendrán nuevas fuerzas, levantarán alas como las águilas, correrán y no se cansarán, caminarán y no se fatigarán".
>
> Isaías 40:31

Una de las definiciones que he escuchado para la palabra presionar es "ejercer una fuerza continua u oprimir contra algo". Es por eso que siempre digo: "¡Tenemos que presionar contra la presión que nos está presionando!" cuando algo lo esté presionando, usted debe decidirse a devolver la presión con más fuerza, ya que muy pocas de las cosas que valen la pena en la vida ocurren sin hacer este tipo de esfuerzo. Recuerde, no estamos presionando al estrés con nuestra propia fuerza. Tenemos la fuerza del Espíritu Santo. "El que está en vosotros que el que está en el mundo" (1 Jn. 4:4).

A veces debemos vivir circunstancias difíciles para superar los obstáculos, como cuando nuestro sueño es abrir un negocio en cierta localidad, pero la junta de zonificación rechaza repetidas veces nuestro requerimiento de construir las instalaciones que necesitamos, o cuando nuestro sueño es ir a la universidad, pero cada vez que aplicamos para una beca nos rechazan. Yo sufrí abuso sexual, mental y emocional cuando era niña. A raíz de esto, tuve que irme de mi casa y comencé a hacerme cargo de mí misma, inmediatamente después de terminar la secundaria. Mis profesores de secundaria vieron en mí un don para la escritura y me animaron a pedir una beca universitaria, pero no logré ir a la universidad. Obviamente, ¡esto no detuvo a Dios! He escrito más de cien libros sin haber recibido jamás un entrenamiento formal para hacerlo. También he recibido varios títulos honorarios y he ganado dos títulos por mis escritos. No pude ir a la universidad de la manera normal, pero Dios tenía en mente otra manera de ayudarme a hacer lo que Él quería que yo hiciera. Me sorprendo cuando pienso en lo que Dios hará si simplemente nos decidimos a perseverar...incluso cuando sea difícil. Otra manera de decirlo es: ¡nunca se rinda!

Debemos enfrentar los problemas y dificultades de la vida, pero me preocupa más su respuesta ante las adversidades que las adversidades en sí. Si puede mantener los pensamientos y actitudes correctos, y si se rehúsa a dejar que el estrés lo venza, confiando en Dios, con el tiempo encontrará la salida que necesita. No le puedo prometer que recibirá exactamente lo que quiere, pero si Dios no le da lo que usted le está pidiendo, es porque le dará algo mucho mejor. Sus maneras y pensamientos siempre están por encima de los nuestros (ver Is. 55:9).

Piense en su vida y tome la decisión de pagar el precio del progreso. Cuando enfrente los obstáculos en su vida, recuerde: insista y avance.

Concéntrese en lo lejos que ha llegado

Déjeme contarle una conversación que tuve con una amiga a la que llamaremos "Cheryl":

Cheryl me dijo: "Joyce, he sido cristiana por veintitrés

años y simplemente no estoy yendo a ningún lado. Soy tan débil como era cuando acepté a Cristo como mi Salvador por primera vez. Todavía me equivoco. No sé si vale la pena". Ella estaba muy desanimada y las lágrimas rodaban por sus mejillas cuando me hablaba de sus errores y limitaciones. Continuó diciéndome: "En este momento sé cuáles son las cosas buenas que debo hacer, pero no las hago. A veces hago algo ruin o poco amable, deliberadamente. ¿Qué clase de cristiana soy?".

Le respondí con mucha naturalidad: "Probablemente una cristiana en progreso. Si no estuvieras progresando, no estarías tan triste por tus fallas. Estarías satisfecha de tu nivel espiritual y no te preocuparías por crecer". Ella dijo: "Pero Joyce, ¡sigo fallando con frecuencia!".

Continué diciéndole a Cheryl que estaba en lo cierto al decir que había fallado. Todos lo hacemos, ocasionalmente, nadie es perfecto. Si no tenemos cuidado, podemos concentrarnos solo en lo que no hemos logrado y donde hemos sido débiles, y nunca ver el progreso que hemos hecho. Cuando eso pasa es fácil sentirse mal o querer rendirse. Esa no es la forma en la que Dios trabaja. No importa cuántos errores cometamos, Dios no se rinde con nosotros. El Espíritu continúa trabajando con nosotros, haciéndonos más como Cristo.

Mi consejo para Cheryl y para todos los cristianos que enfrentan estos momentos oscuros, es mirar todo lo que *Dios* ha hecho en sus vidas en vez de mirar todo lo que todavía falta por hacer. Sí, la vida a veces es una lucha y hay momentos en los que fallamos y nos equivocamos. Nunca estaremos libres de tentaciones o luchas. Pero hay algo clave que debemos recordar: Dios envió a Jesús porque a veces somos débiles, y necesitamos su ayuda y su perdón.

Jesús no solo está con nosotros, sino *para* nosotros. Él sabe que el deseo de nuestro corazón es mejorar. Él sabe de dónde venimos, pero también sabe hacia dónde vamos, ¡y nunca se dará por vencido con nosotros!

Mi amiga siguió recordando las veces que había fallado, pero yo le recordé las veces que había tenido éxito. "Tú crees que estás perdiendo, pero no es verdad. Te has equivocado algunas veces, pero otras veces has triunfado. Te has mantenido firme y has progresado". Este es el mismo mensaje que quiero transmitirle hoy, quizás usted ha atravesado algunos períodos de prueba, quizás ha tenido que lidiar con el estrés, quizás sabe lo que es sentirse abrumado, pero aún está aquí y aún sigue avanzando. Con la ayuda de Dios, ¡usted está progresando! Después de todo, ¡ya casi termina de leer este libro! Ya eso es un logro, en sí mismo.

> *Jesús no solo está con nosotros, sino para nosotros*

Permítame recordarle lo que dice la Palabra de Dios:

> "No nos cansemos, pues, de hacer bien, porque a su tiempo segaremos, si no desmayamos".
>
> Isaías 43:1-2

Esta es la promesa de Dios. Él nunca dijo que nos libraría totalmente de los problemas o las dificultades, pero si prometió estar con nosotros cuando los atravesáramos. Cada vez que *los atravesamos*, aún seguimos progresando ¡porque no nos hemos dado por vencidos! "No teman", dice Él. Ese es el mensaje que debemos recordar. No debemos tener miedo porque Dios está con nosotros. Y cuando Dios está con nosotros, ¿Por qué deberíamos preocuparnos? Él ya nos ha traído hasta aquí, imagínese cuán lejos nos llevará en el futuro.

Nunca se rinda

Gálatas 6:9 dice: "No nos cansemos, pues, de hacer bien, porque a su tiempo segaremos, si no desmayamos".

En este extracto de las escrituras, el apóstol Pablo simplemente nos anima a ¡continuar! ¡No renuncie! No tenga la vieja actitud de "rendirse". Dios está buscando gente que sea valiente y continúe avanzando en Él. Incluso en los momentos en los que el progreso parece lento, recuerde que cualquier progreso es mejor que el retroceso.

Por muchos años sentí que estaba haciendo muy poco, por no decir ningún progreso en mi crecimiento espiritual y en superar mis malos hábitos y mi mal comportamiento. Pero ahora, al mirar atrás, me sorprende cuanto he cambiado y lo mismo está ocurriendo y seguirá ocurriendo, con usted.

En cualquier cosa que usted esté enfrentando en este momento de su vida, quiero animarlo a permanecer positivo y rehusarse a regresar a ese estado mental lleno de ansiedad, preocupación y estrés. Dios *está* con usted. Él lo ayudará a experimentar su paz y su gozo, fortaleciéndolo y animándolo a continuar durante las dificultades. Es fácil renunciar (cualquiera puede hacerlo), pero se necesita fe para perseverar hasta alcanzar la victoria.

Cuando la batalla parezca interminable y crea que nunca lo logrará, recuerde que está reprogramando una mente "mundana" para que piense como Dios piensa. Nuestra mente puede ser como una computadora que ha estado programada con mala información durante toda la vida, pero Dios, el mejor "programador de computadoras" que existe, está trabajando en nosotros todos los días para reprogramar nuestras mentes, en la medida que cooperamos con Él (ver Ro. 12:2). Este proceso de reprogramación o renovación de nuestras mentes ocurrirá poco a poco, así que emociónese con su progreso, aunque parezca lento.

No es la voluntad de Dios que usted esté sobrecargado y estresado por nada. Jesús vino para darnos paz y podemos aprender cómo vivir en paz en medio del frenesí y disfrutar nuestras vidas mientras Dios se ocupa de nuestros problemas.

Para recordar

➤ Con Dios, no tenemos que vivir en las ataduras y el dolor del pasado; podemos vivir en la belleza y las promesas del futuro. ¡Dios ama los nuevos comienzos!

➤ Independientemente del dolor, la presión, la ansiedad o el estrés con el que hayamos estado viviendo, Dios quiere darnos un comienzo completamente nuevo.

➤ Los pensamientos y planes de Dios para nosotros son "Pensamientos de paz y no de mal, para daros el fin que esperáis" (ver Jer. 29:11). Saber esto es clave para vivir con esperanza.

➤ Si esperamos pacientemente, perseverando, cuando las cosas se ponen difíciles, Dios siempre aparecerá y hará lo que nosotros no podamos hacer por nuestra cuenta.

➤ Mire todo lo que *Dios* ha hecho en su vida, en lugar de ver lo que aún le falta por hacer.

➤ En cualquier situación que usted esté enfrentando ahora, en su vida, manténgase positivo y rehúsese a retroceder a estados mentales llenos de ansiedad, preocupación y estrés. Es fácil renunciar (cualquiera puede hacerlo), pero se necesita fe para perseverar hasta alcanzar la victoria.

FORMAS SIMPLES DE DESESTRESARSE:

✓ Tome una siesta
✓ Disfrute de una comida nutritiva y deliciosa
✓ Haga algo especial por usted mismo
✓ Haga una lista de sus puntos fuertes
✓ Haga trabajo voluntario para ayudar a los demás
✓ Cuente sus bendiciones
✓ Llame a un amigo que sepa animarlo
✓ Juegue con su perro (si no tiene perro, juegue con el perro de su vecino)
✓ Salga de la casa un rato
✓ Reduzca su ingesta de cafeína
✓ Consuma menos azúcar
✓ Deje de lado sus aparatos electrónicos por una hora
✓ Lea material que lo anime
✓ Sonría sin tener una razón en particular

NOTAS

Capítulo 1: Comience a vencer el estrés hoy

1. "Stressed Out: Americans Tell Us About Stress in Their Lives", http://www.npr.org/blogs/health/2014/07/07/327322187/stressed-out-americans-tell-us-about-stress-in-their-lives.
2. Encuesta sobre el estrés del año 2013, conducida por Harris Interactive para Everest College, http://globenewswire.com/news-release/2013/04/09/536945/10027728/en/Workplace-Stress-on-the-Rise-With-83-of-Americans-Frazzled-by-Something-at-Work.html.
3. "Who's Feeling Stressed? Young Adults, New Survey Shows", http://www.usatoday.com/story/news/nation/2013/02/06/stress-psychology-millennials-depression/1878295/.
4. http://apa.org/news/press/releases/stress/2014/highlights.aspx.
5. "Who's Feeling Stressed? Young Adults, New Survey Shows", http://www.usatoday.com/story/news/nation/2013/02/06/stress-psychology-millennials-depression/1878295/.
6. "Stress Management", http://www.mayoclinic.org/healthy-living/stress-management/in-depth/stress-symptoms/art-20050987?pg=1.
7. "Fact Sheet on Stress", http://www.nimh.nih.gov/health/publications/stress/index.shtml.
8. http://www.heartmath.com/blog/health-well-being/what-you-need-to-know-about-stress/.

Capítulo 2: ¿Quién está a cargo?

1. http://www.rd.com/health/wellness/37-stress-management-tips/3/.

Capítulo 3: El mejor desestresante que existe

1. Compilado de las siguientes fuentes: H. R. Beech, L. E. Burns y B. F. Sheffield, *A Behavioural Approach to the Management of Stress*, ed. Cary L. Cooper y S. V. Kasl (Chichester: John Wiley & Sons, 1982), pp. 8, 9, 11; Randall R. Cottrell, "The Human Stress Response", en *Grolier Wellness Encyclopedia: Stress Management*, 1ra ed, t. 13 (Guilford: Dushkin Publishing Group, 1992), pp. 34, 35; Webster's II, s. v. "adrenal gland", "endocrine gland", "pituitary gland".
2. Tim Hansel, *Holy Sweat* (Word Books Publisher, 1987), pp. 46, 47.
3. Lawrence Chilnick, *Heart Disease: An Essential Guide for the Newly Diagnosed* (Philadelphia, PA: Perseus Books Group, 2008). Facts.randomhistory.com/stress-facts.html, visitada el 22 de abril de 2015.

Capítulo 4: Me gustaría cambiar esto

1. http://www.quotegarden.com/stress.html.

Capítulo 5: Las decisiones que tome y los pasos que dé

1. http://www.goodreads.com/quotes/tag/inner-peace.
2. Jennifer Warner, "Stress Makes Teen Acne Worse", WebMD.com, 7 de marzo de 2002. Facts.randomhistory.com/stress-facts.html, visitada el 5 de julio de 2015.

Capítulo 6: ¿Se olvidó de algo?

1. "Benefit", *American Dictionary of the English Language 1828*. p. 1995.
2. Lawrence Chilnick, *Heart Disease: An Essential Guide for the Newly Diagnosed* (Filadelfia, PA: Perseus Books Group, 2008). Facts.random history.com/stress-facts.html, visitada el 22 de abril de 2015.

Capítulo 7: Sobrecarga de opciones

1. http://www.nytimes.com/2010/02/27/your-money/27shortcuts.html.
2. http://www.economist.com/node/17723028.
3. *Ibíd.*
4. http://www.brainyquote.com/quotes/quotes/h/henrydavid166869.html.
5. Gene Wallenstein, *Mind, Stress, and Emotion: The New Science of Mood* (Boston, MA: Commonwealth Press, 2003). Facts.randomhistory.com /stress-facts.html, consultado en línea el 22 de abril de 2015.

Capítulo 8: Ría, ría y ría un poco más

1. http://www.marketwatch.com/story/americans-only-take-half-of-their -paid-vacation-2014-04-03.
2. http://www.mayoclinic.org/healthy-lifestyle/stress-management/in -depth/stress-relief/art-20044456?pg=1.
3. *Ibíd.*
4. http: //www.brainyquote.com/quotes/quotes/c/charl iecha108932 .html?src=t_laughter

Capítulo 9: El estrés de la comparación

1. http://www.nytimes.com/2011/07/02/your-money/02shortcuts.html ?_r=0.
2. http://www.sermoncentral.com/illustrations/sermon-illustration -robert-leroe-quotes-envy-82561.asp.
3. http://www.sermonillustrations.com/a-z/e/envy.htm.
4. http: //sermonquotes.com/post/101193685702/comparison-is-the -thief-of-joy-theodore.
5. http://www.ncbi.nlm.nih.gov/pubmed/1534428.

Capítulo 10: Cambie la conversación

1. Gene Wallenstein, *Mind, Stress, and Emotions: The New Science of Mood* (Boston, MA: Commonwealth Press, 2003). Facts.random history.com/stress-facts.html, consultado en línea el 5 de julio de 2015.

Capítulo 11: Todo está bien en mi alma

1. http://www.spaffordcenter.org/history and http://www.sharefaith.com /guide/Christian-Music/hymns-the-songs-and-the-stories/it-is-well -with-my-soul-the-song-and-the-story.html.
2. Bruce McEwen, *The End of Stress as We Know It* (Washington, D.C.: Joseph Henry Press, 2003). Facts.randomhistory.com/stress-facts.html, consultado en línea el 22 de abril de 2015.

Capítulo 13: Vea las cosas de forma diferente

1. http://www.nimh.nih.gov/health/publications/stress/index.shtml.

Capítulo 14: La forma más rápida de vencer el estrés

1. http://www.sermonillustrations.com/a-z/s/service.htm.
2. http://www.goodreads.com/quotes/tag/helping-others.
3. http://www.sermonillustrations.com/a-z/s/service.htm.

Joyce Meyer es reconocida mundialmente por enseñar la Palabra de Dios de una manera práctica. Su programa de televisión y radio, *Disfrutando la vida diaria*, se transmite en cientos de redes de televisión y estaciones de radio en todo el mundo.

Joyce ha escrito más de cien libros inspiracionales. Entre sus libros de éxitos de venta están: *Pensamientos de poder*; *Mujer segura de sí misma*; *Luzca estupenda, siéntase fabulosa*; *Empezando tu día bien*; *Termina bien tu día*; *La Biblia de la vida diaria*; *Adicción a la aprobación*; *Cómo oír a Dios*; *Belleza en lugar de cenizas*; y *El campo de batalla de la mente*.

Joyce viaja extensamente para compartir el mensaje de Dios en sus conferencias a lo largo de todo el año y habla a miles de personas en todo el mundo.